Zu diesem Buch

Bei der Gestalttherapie geht es «um dich und mich und um unsere Erfahrung hier und jetzt», sagt Bruno-Paul de Roeck. «Um Wachstum: spontaner, lebendiger und glücklicher sein. Deinen eigenen Kern mehr wertschätzen. Neue Schritte riskieren. Von der Psychotherapie erwartet man, daß sie ‹Menschen anpaßt und sie wieder in das gesellschaftliche Joch einspannt›. Gestalt versucht, angepaßte Menschen, die in ihrem Joch nicht glücklich sind, wieder auf eigene Füße zu stellen.»

Der Gestalttherapeut Bruno-Paul de Roeck war siebzehn Jahre Mönch in einem kontemplativen Orden. Darauf folgten acht Jahre Mitarbeit in einem Kommunikations- und Diskussionszentrum der politischen und religiösen Bildungsarbeit. Heute arbeitet er als Dozent in der Fortbildung von Sozialarbeitern und bildet daneben im Umgang mit der Gestalttherapie aus.

Auch als rororo lieferbar:
«Dein eigener Freund werden, Wege zu sich selbst und anderen» (rororo 8097)

Bruno-Paul de Roeck

Gras unter meinen Füßen

Eine ungewöhnliche Einführung
in die Gestalttherapie

Aus dem Holländischen
übersetzt von Helmi Raatschen

Rowohlt

53.–58. Tausend Oktober 1992

Veröffentlicht im Rowohlt Taschenbuch Verlag GmbH,
Reinbek bei Hamburg, November 1985
Die niederländische Originalausgabe «Gras onder mijn voeten»
erschien im Verlag De Toorts, Harlem
Copyright © 1982 by Burckhardthaus-Laetare Verlag GmbH,
Offenbach
Umschlagentwurf Klaus Detjen
Satz Trump Mediaeval (Linotron 202)
Gesamtherstellung Clausen & Bosse, Leck
Printed in Germany
690-ISBN 3 499 17944 x

Inhalt

Vorwort

Therapie ist Erlebnis. Je intensiver jemand davon betroffen ist, desto mehr kann er dem interessierten Zuhörer einen Eindruck vermitteln. Trotzdem kann dieser das, was er hört, nicht nacherleben. Er kann nur den erleben, der etwas erlebt hat. Was vorhin, gestern, damals und anderswo passiert ist, kann man nicht nacherleben, wenn man davon hört. Entweder man ist dabei und erlebt direkt und selbst – oder man läßt sich informieren. Informiert werden ist aber etwas ganz anderes als erleben.

Alles, was in Therapie, Psychotherapie, Gestalttherapie oder kurz *Gestalt* passiert, kann man nicht erfahren, indem man darüber liest. Der Leser dieses Buches wird etwas über *Gestalt* erfahren. Gut möglich, daß er angerührt ist, vielleicht neugierig wird oder mißtrauisch. Nur hat das dann mit *Gestalt* nichts zu tun. Niemand kann von einem informativen Eindruck her beurteilen oder erfühlen, was das ist, was wirklich passiert.

Deshalb sind alle Bücher über Therapie keine Therapie. Sie führen auch nicht in Therapie ein. Auch dieses Buch führt nicht in *Gestalt* ein, sondern in einen Gestalttherapeuten, nämlich Bruno-Paul De Roeck, und wie er *Gestalt* erlebt.

Nur wer sich selbst erlebt hat, kann mitreden. Ich denke z. B., daß Kritiker und Reformer der Kirche nur solche sein können, die eine Zeitlang, vielleicht lange Zeit, die Kirche von innen erlebt haben. Kritik von außen ist Meinung, mehr nicht. Über Kindererziehung kann jeder mitreden, der sich damit beschäftigt hat. Aber wie es ist, Kinder zu haben, weiß nur der, der selber Kinder hat.

Man kann dieses Buch lesen. Und wenn man dann Klient bei einem Gestalttherapeuten ist, wird man nichts davon wiederfinden. Von innen und mittendrin erlebt, ist *Gestalt* ganz anders. Wer *Gestalt* erlebt hat und neugierig ist, wieso das so passiert und nicht anders, der findet in einem Buch wie diesem allerdings eine Menge Erklärungen. Vorgänge werden deutlich, und Prozesse, auf die es ankommt und die sich wiederholen, kriegen Namen. Die könnten auch anders heißen, aber man hat sich auf diese geeinigt; vielleicht hat sie auch Frederik F. Pearls erfunden, und seitdem sind sie geblieben. Wer es anders sieht oder andere Erklärungen für besser hält, mag seine eigenen Worte einsetzen oder einfügen.

Ich weiß, daß *Gestalt* bisher wenige fest umrissene und wissenschaftlich fundierte Begriffe zustande gebracht hat. Das tut mir leid für die *Gestalt*therapie, denn deswegen läuft sie unter den Vätern und Müttern der etablierten Psychotherapie und dem Ahn der Psychoanalyse herum wie ein uneheliches Kind. Aber sie ist ein sehr lebendiges Kind. *Gestalt*therapie, theoretisch und verbal zufriedenstellend beschrieben, habe ich bisher nicht gefunden. Wer *Gestalt* suchen will, wird sie nie finden. Er kann nur *Gestalt*-therapeuten finden.

Ich habe anfangs jeden *Gestalt*therapeuten, den ich traf, für ideal gehalten. Die wußten immer weiter; oder sie hatten den Mut, nicht weiterzuwissen. Als ich entdeckte, daß sie nicht hundertprozentig waren, war ich enttäuscht. Da war ich es dann, der hundertprozentig werden wollte. Heute bis ich soweit, daß ich mich – zaghaft – so, wie ich bin, für hundert Prozent halte. Mit meinen Lücken, meiner Neurose und meinen Löchern bin ich komplett. Und das erstaunliche passiert: Selbst so kann ich Menschen helfend begleiten. Wie kann man *Gestalt* lernen?

Obwohl nicht wenige Fortbildungszentren für *Gestalt* existieren, gibt es kein standardisiertes Lernziel dieses Trainings. Das halte ich für einen Vorzug. Lernziele sind pädagogischer Unfug. Lernen hat kein Ziel. Beim Wandern ist das Ziel auch nur eine ausgedachte Begründung für die vielen lustvollen oder beschwerlichen Schritte, die man macht. Ein therapeutisches Lernziel kann es meiner Meinung nach auch nicht geben. Lernen, was gerade passiert, ist schon das Ziel.

Stationen auf diesem Wege kenne ich allerdings, besonders für Psychotherapeuten, auch für *Gestalt*therapeuten. Ich möchte, daß sie so viel wie möglich über Neurosen gelernt haben. Ich möchte, daß sie selbst Klienten gewesen sind und eine persönliche Therapie erlebt haben. Ich möchte, daß sie lernen, wieviel im Gespräch passieren kann und welche Bedeutung und welche Wirkung es hat, wenn sie so oder so sprechen. Ich möchte, daß sie lernen, indem sie einen erfahrenen Dritten dabei haben, wenn sie mit einem Klienten arbeiten. Das nennt man gemeinhin Supervision, und in *Gestalt* steht Live-Supervision im Vordergrund. Therapie ist, meine ich, nichts anderes als lebendiges Lernen. Und der Therapeut, der ja auch ein Lehrer ist, muß an seinem eigenen Lernen bleiben. Sobald er absolut zu wissen meint, was er erwartet, blockiert er sich gerade damit.

Dieses Buch ist eine Hilfe für Klienten und Therapeuten, die an ihrem eigenen Wachstum interessiert sind, daß sie sich besser untereinander verständigen können.

Es ist oft schwierig, Erlebtes in Worte zu fassen. De Roeck tut es. Er sagt zwar, wie alle, die über *Gestalt* schreiben, nichts grundsätzliches Neues über *Gestalt*. Aber er tut etwas, was sowohl Nächstenliebe als auch therapeutisches Handeln ist: er fördert Entwicklung, indem er Dinge, die man oft nur dumpf ahnt, in klaren Worten sagt.

Dr. med. Martin Goldstein
Arzt für Psychotherapie

Vorbemerkung

Ich will ein ganz einfaches Büchlein * schreiben über das, was ich in meiner täglichen Arbeit tue. Ich will es nicht nur aus meinem Fachwissen heraus, sondern auch von meiner Erfahrung her schreiben. Von dem Kloß in meinem Hals und von meinem Kummer her. Von neuerworbenem, etwas gesetzterem und ganz altem Frieden her. Aus meiner kleinen Welt heraus mit allem Drum und Dran (= Gestalt?). Ich will versuchen, nur die Dinge aufzuschreiben, die in meinem täglichen Tun und Lassen lebendig geworden sind. Denn ich will niemanden mit etwas füttern, was ich selber ungenießbar finde. Manchmal denke ich, daß hungrigen Lesern schon genug Druckerschwärze eingeflößt wird.

Hier liegt mein Büchlein vor Ihnen.

Jedesmal wenn ich Schwierigkeiten hatte mit dem «verstehen, was ich tue», habe ich solch ein Buch geschrieben. Dieses ist das erste des zweiten Dutzends. Es behandelt die Gestalttherapie. Denn in dem Veränderungsprozeß, in dem ich in den letzten Jahren steckte, hat mir Gestalttherapie am meisten weitergeholfen.

Ich denke, daß ich mein Büchlein noch des öfteren lesen werde, um mir selbst und anderen ein besserer Vater, Mutter, Freund und Therapeut zu werden.

Vielleicht wird dieses Buch auch anderen dabei helfen.

Bruno-Paul De Roeck

---

* Hin und wieder steht in Klammern ein schwieriges Wort. Das ist für einige Fachleute bestimmt, die das brauchen, um es auch verstehen zu können.

Erster Teil

Ausgangspunkte

Therapie?

Manchmal scheint es so, als könne man die Welt in zwei Hälften teilen: die gesunde Hälfte und die kranke Hälfte. Die gesunde Hälfte (das sind wir natürlich) kann sich dann therapeutisch mit der kranken Hälfte beschäftigen und sich damit die Brötchen verdienen. Wenn dann die kranke Hälfte gleichzeitig noch die finanziell kräftigere ist, gibt es gar keine Probleme mehr.

Aber so einfach ist es nicht. Es gibt keine eindeutige Definition von krank und gesund sein. Sind die ausdruckslosen und gelangweilten Gesichter, die tagaus tagein ihrer Arbeit nachgehen, die Gesunden oder die Kranken? Ist jemand, der unerträgliche Situationen nicht mehr ertragen kann, krank oder gesund? Zu welcher Hälfte gehören denn die immer Tüchtigen? Wohin gehören die klugen Leute, die Gelehrsamkeit und Information ausschütten über Studenten oder die Lebensprozesse mit gelehrten Namen belegen, ohne das Risiko einzugehen, selbst den Lebensprozeß zu wagen. In welche Kategorie gehören die Frauen und Männer, die alles begreifen, aber nicht greifen oder ergriffen werden?

Wohin gehöre ich?

Wenn das Wort Therapie eine solche Trennungslinie voraussetzt, dann gehört es nicht zur Gestalttherapie. In der Gestalttherapie unterscheidet man nicht zwischen Gesunden und anderen Kranken. Gestalttherapie, oder einfach nur «Gestalt», ist vielmehr eine Lebenseinstellung, die praktische Konsequenzen hat. Es geht um dich und mich und um unsere Erfahrung hier und jetzt. Wachstum ist hier das richtigere Wort als Therapie. Wachstum: spontaner, lebendiger und glücklicher sein. Deinen eigenen Kern mehr wertschätzen. Halberledigtes vollenden und neue Schritte riskieren. Von der Psychotherapie erwartet man wohl, daß sie «Menschen anpaßt und sie wieder in das gesellschaftliche Joch einspannt». Gestalt versucht, angepaßte Menschen, die in ihrem Joch nicht glücklich sind, wieder auf eigene freie Füße zu stellen.

Es gibt zwei Arten Neurotiker:
erstens die Teilzeitler und zweitens die Vollzeitler.
Es gibt zwei Arten Neurotiker:

erstens die finanziell Starken und zweitens die finanziell Schwachen.

Es gibt zwei Arten Neurotiker:

erstens die Bezahlenden und zweitens diejenigen, die bezahlt werden.

Ich rechne mich selbst, mit allen Vor- und Nachteilen, jedesmal zur zweiten Kategorie.

Wachstum

In der Gestalttherapie ist es nicht wesentlich, zu wissen, ob du schon bei der Therapie angelangt bist oder nicht. Wichtig ist, daß du an dir arbeiten willst. Für den einen hört sich das so an: «Ich bin Betriebsleiter (oder Dozent oder Sozialarbeiter) und habe immer mit Menschen zu tun. Das ist mein Beruf, und den will ich so menschlich wie möglich ausfüllen, denn er ist gleichzeitig der größte Teil meines Lebens. Ich will klar erkennen, wo durch meine Fehler die Dinge falsch laufen, vielleicht kann ich dann etwas daran ändern.» Für manches Ehepaar ist dies das Motiv: «Wir sind ganz schön festgefahren in unserer Beziehung. Dies schon seit geraumer Zeit. Wir wollen endlich diesen tötenden Bann durchbrechen. Aber wie?»

Oder jemand sagt: «Ich werde älter. Im letzten Jahr habe ich mich viel mit dem Sterben beschäftigt. Aber auf eine Weise, die mich lähmt, die mich jetzt schon tötet. Das will ich nicht so hinnehmen.» Oder: «Ich habe solche Scheu vor Menschen bekommen, daß ich es kaum noch wage, Besorgungen zu machen» usw. ... Bei diesen nicht bewältigten Dingen knüpft Gestalttherapie an, weil sie verarbeitet sein müssen, bevor wir gesund weiterleben können.

Ein gesunder Mensch ist für mich jemand, der guten Kontakt zur Realität hat: zu der großen und der kleinen Welt um ihn herum und in ihm selbst. Ich selbst sehe mich genau dazwischen: zwischen gesund und krank sein. Manchmal neige ich mehr nach links, manchmal mehr nach rechts. So geht es wohl den meisten

Menschen, denke ich. So sehe ich es auch als Therapeut – bei all meinen Klienten.

Wir leben auf zwei Ebenen. Einmal ist da die Realitätsebene, auf der wir Berührung haben mit unseren eigenen Gefühlen, mit unseren Sinnen, mit dem, was in unserem Körper geschieht, mit dem, was um uns herum vorgeht. Zum anderen gibt es die Ebene, die wir wohl die intellektuelle, die Denkebene nennen, auf der wir uns selbst – und damit auch unsere Umwelt – ernsthaft beschummeln. Das ist der Raum, wo wir grübeln. Wo wir uns ausdenken, was die anderen von uns denken oder erwarten, oder von uns denken oder sagen werden. Es ist die Ebene, auf der wir uns selbst gegenüber ständig wiederholen, was wir nicht alles tun würden, wenn wir nur nicht ... auf der wir jahrelang nachsinnen und uns selbst verletzen, ohne einen Schritt voran zu kommen; auf der wir uns alle möglichen Katastrophen vorstellen, die auf uns oder unsere Kinder in der Büchse der Pandora warten könnten. Wo wir jammern über unsere Eltern, die uns haben studieren lassen oder auch nicht, so daß wir jetzt ... Das ist die Ebene, auf der wir uns immerfort im Kreise bewegen mit dem Erfinden neuer Begründungen, mit dem Ausgraben alter Probleme, mit Spekulationen über die Zukunft ... so daß wir nur ja nicht das Risiko auf uns zu nehmen brauchen, *jetzt* zu *leben*. Das ist die Ebene, auf der wir uns selbst krank machen, indem wir das, was wir sind, terrorisieren mit allem, was wir sein möchten oder sein müssen.

Elefanten versuchen nicht, Giraffen oder Schwalben zu werden. Radieschen versuchen nicht, Rote Beete zu werden. Aber wir versuchen zu sein, was wir nicht sind. Wir ersticken in den Idealen, die unerreichbar sind oder die nur auf unsere eigenen Kosten erreicht werden können. Wir gehen auf den Zehenspitzen, um nur ja nirgendwo anzustoßen, und werden schließlich ärgerlich auf unsere Zehen, wenn sie uns weh tun.

Hier, Jetzt und Wie

Nur wie ich hier und jetzt bin, kann ich völlig durchatmen; kreativ und erfinderisch sein; mit offenen Augen und Ohren Lösungen suchen und finden; meinem Kummer und meinen Tränen freien Lauf lassen; tausendmal sterben und dann vorsichtig wieder erwachen zu einem neuen Tag. Stimmt etwas nicht mit mir – auch wenn es schon länger so geht – dann brauche ich nicht in ferner Vergangenheit nach den Ursachen zu suchen. Erwachsenwerden bedeutet, selbst die Verantwortung für sein Leben tragen. Also kannst du nicht deine Vergangenheit, deine frühere Situation zu Hause, deinen Vater oder deine Mutter dafür verantwortlich machen, daß du jetzt irgendwo Probleme hast. Das wäre eine leichte Art, der Verantwortung, die du jetzt hast, zu entfliehen: das Trauma, die Vergangenheit ist dann verantwortlich, und du bist fein raus und brauchst – wie wunderbar – nicht mehr an dir selbst zu arbeiten.

Wenn du heute die Probleme mit deinem Vater, deiner Mutter oder mit der Angst der Kriegsjahre noch nicht bewältigt hast, dann ist das keine Vergangenheit, sondern es ist jetzt ein Teil von dir selbst. Die Verantwortung auf früher verweisen, ist ein geschickter Schachzug: die Realität *heute* auf ein nicht mehr existentes Früher abschieben, wofür du ja nicht mehr verantwortlich bist. Wo du wie ein kleines Kind sagst: «Ich kann nicht für mich selber sorgen, weil ich die Phobie, die Angst habe; oder weil meine Mutter mich nicht wirklich akzeptiert hat; oder weil mein Vater mich vergewaltigt hat; oder weil das System so ungerecht ist; oder weil die Dozenten nicht wirklich mitarbeiten usw. ...

Es gibt eine ganze Reihe Klienten, die ihren Therapeuten teuer bezahlen wollen, um ihn nach allen Warums und Weils suchen zu lassen, die sie «jetzt» der Verantwortung entheben könnten.

«Warum» und «Weil» sind in der Gestalttherapie fast Schutzworte, die durch «Wie» ersetzt werden. Denn mit der Antwort auf die Frage «Wie» bekomme ich das Geschehen in den Griff. Ich werde mir dessen bewußt, was ich tue. Solange ich unbewußt meinen Gewohnheiten nachgehe, entwischt mein Handeln dem Willen und der Kontrolle, und ich falle immer wieder in dieselbe

Grube. Sobald mir bewußt wird, was ich tue, kann ich wählen: alles so lassen, wie es ist, oder etwas verändern. Antworten auf die Frage «Wie?» heißt mehr Verantwortung übernehmen. Statt zu fragen: «Warum bin ich so gehemmt?» oder «Warum fürchte ich mich so?» frage ich dann zum Beispiel: «Wodurch hemme ich mich selbst?» oder «Wie mache ich mir selbst Angst?»

Der Weg des «Wie» ist ein einfacher und direkter Weg. Kein Graben im Unbewußten oder in der Vergangenheit, aber aufmerksam werden für die vordergründigsten Dinge, um «jetzt» eine «Gestalt» zu werden.

Sara und Rebecka wohnten in Zimmern übereinander und hatten beide sehr viel Kummer. Eines Tages begegneten sie sich auf der Treppe. Sie verstanden einander sofort und ... sie begriffen, daß man nicht ständig seinen Kummer hinunterschlucken kann.

Seitdem hat Rebecka, die oben wohnt, siebzehn Fläschchen auf dem Kaminsims stehen, um darein die Tränen weinen zu können. Jedes Fläschchen hat einen Aufkleber. Auf dem einen steht: «Weil meine Eltern mich nicht haben studieren lassen.» Auf dem zweiten: «Weil mein Mann mich verlassen hat.» Auf dem dritten: «Weil ich so alleine bin» usw., siebzehn Fläschchen in einer Reihe. Sara, die unten wohnt, hat seitdem eine Flasche stehen mit der Aufschrift: Tränen. Nach neun Monaten begegnen sie sich wieder einmal auf der Treppe und setzen natürlich ihr Gespräch fort: «Wie steht es mit deinem Kummer?»

«Es war eine ganze Menge», sagt Sara, «meine Flasche ist ganz voll. Welch eine Erleichterung!»

«Meine siebzehn Fläschchen sind noch trocken», sagt Rebecka. «Wenn ich merke, daß mir die Tränen kommen, versuche ich gleich festzustellen, warum ich weinen muß, damit ich weiß, in welches Fläschchen sie gehören. Aber wenn ich das richtige ‹Weil› und die dazugehörige Flasche ‹im Auge habe›, ist weit und breit keine Träne mehr vorhanden.»

Mich selbst als Einheit sehen

Ich kann mich selbst nicht aufteilen in Fächer wie «Leib» und «Seele» oder «Materie» und «Geist» oder «äußerlich» und «innerlich» oder «gut» und «böse» ... Diese verschiedenen Begriffe brauche ich wohl, um sprechen und denken zu können. Sie werden jedoch gefährlich, sobald ich in meinem Denken und Handeln mit diesen verschiedenen Begriffen zu hantieren beginne, als ob es ganz verschiedene Dinge beträfe. Damit tue ich meiner Erfahrung von der Wirklichkeit Gewalt an. Es gibt z. B. nicht so etwas wie einen «Geist» in mir, eine Zaubergottheit, die in mir die Fäden zieht und alles regelt. Ich habe wohl sogenannte geistige Aktivitäten: denken, andächtig sein, beten, bewußt sein, was in jedem Augenblick in mir geschieht, fühlen, wollen, phantasieren. Die Aktivitäten sagen etwas über mich aus und nicht über irgendeinen Geist in mir. Übrigens, wenn ich genauer hinschaue, dann merke ich, daß viele dieser Aktivitäten nur so lange geistig erscheinen, wie ich sie mit einem halben Auge betrachte. Sie haben genausoviel mit meiner Körperlichkeit zu tun. Es sind «meine» Aktivitäten, und ich bin eine organische Einheit.

Ich «muß» z. B. etwas sehr Schwieriges erledigen und merke, daß ich dabei die Zähne aufeinanderbeiße. Sogar während des Schlafens bleibe ich dann wie ein Terrier. Es ist nicht so, daß «Zähne aufeinander» ein bestimmtes Zeichen für «müssen» ist. Es kann bei jedem Menschen etwas anderes bedeuten: Verschlossenheit oder ein verdrängtes Verlangen, zu beißen ... Für mich bedeutet es eben das, was es für mich bedeutet.

Im vergangenen Jahr hatte ich mir soviel vorgenommen, ich forderte mir selbst soviel ab, daß ich morgens erwachte und mir fast alle Zähne weh taten. Zuerst dachte ich, nach altbekanntem Muster: «Ich muß zum Zahnarzt». Dann überlegte ich: «Vielleicht sollte ich lieber mal auf meine Zähne hören, was sie mir zu sagen haben». Und sie sagten: «Wir stehen unter zu hohem Druck. Das halten wir nicht länger aus. Bitte, ein wenig Entspannung!»

Man nennt das wohl psychosomatische Symptome. Zu unrecht, finde ich. Denn damit akzeptiert man, daß erst eine Verbindung hergestellt werden muß zwischen zwei getrennten Strukturen: Geist und Leib (Psyche und Soma). Damit unterstreicht man die Zweigeteiltheit. «Ich» beiße die Zähne aufeinander. Ich bin es, der unter einem harten «Muß» steht. Ich stehe unter Druck. Und das kann man von mir mit vielen Worten hören, aber noch viel eher kann man es sehen an der Art, wie ich die Zähne aufeinanderbeiße. Und die Zähne sind aufeinandergepreßt, lange bevor ich formulieren und sagen kann, wie sehr ich unter diesem «Müssen» leide, ob ich mir nun zuviel oder zuwenig vorgenommen habe...

Jeder Mensch ist eine Art kleine, geordnete Welt, die die Tendenz in sich hat, für sich selbst zu sorgen. Eine Einheit, einen «Organismus» könnte man es nennen, der aus verschiedenen Organen und Funktionen besteht, die alle ihren eigenen Stellenwert im Ganzen haben. Dieser «Organismus» ist ständig damit beschäftigt, aus- und abzustoßen, was hinderlich oder überflüssig ist (z. B. Unverdauliches), und um aufzufüllen, wo Mangel herrscht (z. B. Sauerstoff, Wärme, Kalzium, ein Schnäpschen, ein wenig Anerkennung, Macht...).

Wo dieses Abstoßen und Anziehen nicht mehr richtig funktioniert, entstehen unfertige Zustände: halbe Bewegungen, hinuntergeschluckte Gefühle, die herausmöchten, unausgesprochene Sehnsüchte. Wo wir uns selbst hemmen in diesem Abstoß- und Anziehungsprozeß unseres Organismus, werden wir unsere eigenen Feinde...

In solch einer verzwickten Welt wie wir es sind, wird es immer Hunderte unfertiger Zustände geben. Die brauchen uns nicht unbedingt zu verwirren, denn der Organismus sorgt dafür, daß sich stets ein einziges Bedürfnis vordergründig meldet und daß die anderen Bedürfnisse im Hintergrund ihre Zeit abwarten. Ein Bedürfnis tritt hervor; nicht das wesentlichste oder das tiefste, sondern das Bedürfnis, das im Augenblick das wichtigste ist.

Es kann z. B. sein, daß jemand im Fernsehen das niederländische Volk von den verhängnisvollen Folgen der NATO-Mitgliedschaft überzeugen will, aber daß sein vordergründiges Bedürfnis ist: Ich will pinkeln. Oder: Ich will, daß ihr mich gerne habt. Der Organismus läßt immer wissen, was jetzt wichtig ist. Er äußert seine Vorlieben. Wenn wir offenstehen für das, was in uns geschieht, tut er es auf offene Weise. Wenn wir die Signale zu unterdrücken oder zu zensieren versuchen, tut er es auf versteckte Art.

Kontakt auf der Grenzlinie

Wenn ich Beziehung zu mir selbst bekommen möchte, mich aus der Erfahrung heraus kennenlernen will, dann gibt es eine ganze Menge Gegebenheiten, vordergründige Fakten. Ich brauche nicht erst tief zu «graben». Aus Erfahrung weiß ich, daß ich mich durch all die Graberei oft nur weiter von mir selbst entferne, statt mir näherzukommen. Will ich mit jemandem oder mit etwas anderem Kontakt bekommen, dann tritt es klar zutage, daß mir viele Möglichkeiten dazu geboten werden. Diese Auffassung aus der Gestaltpsychologie fordert mich auf, «all» meine Sinne zu gebrauchen und nicht endlos zu reden und zu diskutieren, wenn ich mit mir selbst oder mit Menschen Beziehungen aufnehmen möchte. Achte ich nicht nur auf die Worte, sondern setze mein ganzes Wahrnehmungsvermögen ein, so stelle ich fest, daß ich viel näher bei mir selber lebe und Menschen und Dinge wirklicher erfahre.

Du kannst es ausprobieren. Ihr seid zum Beispiel in einer kleinen Arbeitsgruppe von fünf Menschen zusammengekommen, um etwas zu «besprechen». Ihr sitzt in einem Raum ziemlich weit voneinander entfernt, oder ihr sitzt bequem in Sesseln, zurückgelehnt, so daß ihr gewissermaßen nach den andern spähen müßt, die irgendwo drüben sitzen. Sobald ihr euch besser verständigen wollt, werden die Sessel näher zusammengerückt, um sich besser zu sehen und zu hören. Bekommt ihr echten Kontakt zueinander, dann merkst du, wie du nicht mehr zurückgelehnt sitzen bleiben kannst. Vielleicht rückst du sogar auf den Rand des Stuhles. Du beugst dich vornüber. Dein Kopf reckt sich zu den anderen hin. Ihr schaut einander an. Willst du deinen Nachbarn mit etwas Wichtigem unterbrechen, dann legst du vielleicht kurz deine Hand auf seine und sagst: «Warte mal eben.» Dein Blut strömt schneller. Die Dumpfheit verschwindet aus deinem Gehirn und die Mattheit aus deinen Augen. Die Augen beginnen zu leuchten, und die Bewegungen werden lebhaft ...

Wenn ich dagegen mit bestimmten Menschen keinen Kontakt haben will, dann äußert sich das eher in meinem Benehmen als in der deutlichen Aussage: Ich will keine Berührung mit dir. Meine

Augen fangen an zu wandern (z. B. zum Fenster hinaus). Ich will sichtbar weg aus dieser Situation. Ich habe meine Ohren offenbar schon halb oder ganz verschlossen. Ich rauche eine Pfeife nach der anderen und verschwinde hinter einer Rauchgardine. Ich merke, wie ich auf dem Sitz nach hinten rutsche. Ich ziehe mich sichtlich zurück. Ich bemerke, daß ich die Knie hochgezogen habe und mich hinter einer Art Brustwehr in Sicherheit bringe. Die Meinungen der anderen erreichen mich nicht mehr: Hin und wieder höre ich zwar noch einige Wörter, aber die werden meinem eigenen Gedankenfluß eingeordnet.

Ich und meine Umgebung

Kontakt zu Dingen und Menschen außerhalb meiner selbst ist möglich, weil es eine Grenze gibt, an der wir uns berühren. Die Grenze ist gleichzeitig meine Grenze wie auch die der Dinge und Menschen außerhalb. Innen- und Außenbezirk haben kurz etwas gemeinsam auf der Grenze. Ich bin dort ein Teil meiner Umgebung, des «Feldes». Meines Gesichtsfeldes; der Reichweite meiner Arme; des Feldes, das mein Gehör oder mein Geruchssinn erreichen kann. Finde ich in meiner Verbindung zu dem Feld das, was ich «brauche», dann fühle ich mich wohl. Stehe ich im Konflikt mit dem Feld, mit meinem Arbeitgeber; meinem Auto, das nicht starten will; mit dem politischen Klima, das an Apfelsinen und Kaffee klebt, dann bin «ich» im Konflikt.

Das Feld, die Grenze, die Umgebung, die Sinnesorgane, die Dinge an der Oberfläche ... dort entstehen die Kontakte. Auch ganz «tiefe» Kontakte.

Du lebst nur auf der Grenze wirklich: Das Spannungsfeld zwischen ich und du; die Dialektik, auf jemanden zuzugehen und sich dann wieder zurückzuziehen; der Rhythmus zwischen Einzelnem und Gemeinschaft; echt Ja-sagen und echt Nein-sagen; «manchmal bin ich gern bei dir, und manchmal bin ich gerne fort von dir», arbeiten und ruhen. Einander oder etwas festhalten wollen, wird ein klebriger Zustand; einander nicht anrühren eine frostige Angelegenheit.

Lebendige Begegnung ist ein Zusammenspiel von Kontakt aufnehmen und sich zurückziehen.

Vordergrund und Hintergrund: die Gestalt

Wenn du etwas erlebst, so ist es meistens nicht so sehr der objektive Inhalt des Geschehens, der dir den stärksten Eindruck macht, sondern mehr die Beziehung, die du dazu hast; der Zusammenhang, den du darin siehst: die Gestalt. Das, wofür du dich besonders interessierst, drängt sich in den Vordergrund und beeinflußt deine ganze Aufmerksamkeit, alles andere wird Hintergrund. Du ordnest alles um diesen einen Punkt herum und auf diesen Punkt hin, was du in den Vordergrund rückst. Dieser Vordergrund ist natürlich für jeden unterschiedlich, weil das Interesse jedes einzelnen in einem bestimmten Moment verschieden ist.

Das bekannte Beispiel:
Man feiert ein Fest. Jeder der Anwesenden sieht dasselbe Fest ganz unterschiedlich. Jacqueline hegt eine heimliche Liebe zum Gastgeber. Für sie ist er das Fest, und alles andere dreht sich in engeren und weiteren Kreisen drumherum. Ein kurzer, peinlicher Wortwechsel des Gastgebers mit einer der Damen – von den anderen kaum bemerkt – bekommt in ihrer Wahrnehmung maßlose Proportionen. Die drei Worte, die er ihr zur Begrüßung sagte und an die er sich fünf Minuten später nicht mehr erinnert, weiß Jacqueline noch nach dreißig Jahren auswendig. Ben, ein anderer Gast, ist Trinker. Er sieht nur die Bar. Der Barkeeper ist für ihn eine zentrale Figur. Darüber hinaus beschränkt sich seine Wahrnehmung auf einige Blitzlichter von Ereignissen und Menschen um die Bar herum. Joost sucht sich auf dem Fest – wie immer übrigens – ein Auditorium. Die Gestalt des Festes ist für ihn die Gestalt eines Publikums, das ihm lauscht. Er weiß kaum, was er ißt oder trinkt, wie der Gastgeber oder der Festsaal aussehen. All diese

Dinge liegen für ihn weit auf dem Hintergrund seiner Wahrnehmung. Frau Sanders hat den ganzen Abend an seinen Lippen gehangen und über jeden Witz, den er machte, gelacht. Sie war für ihn das Fest. Daneben sind noch wenige andere, die ihm kurz höflich oder gespannt zugehört haben, aber der Rest entgeht ihm völlig. Er erinnert sich später auch nur an seine eigenen Worte, und seine ganze Erzählung über das Fest hängt zusammen mit dem einen einzigen immer wiederholten Zwischensatz: «und dann sagte ich ...», «weißt du, sagte ich ...», «hör mal zu, sagte ich ...»
Marja hatte im Grunde überhaupt kein Interesse an dem ganzen Rummel. Sie war mitgekommen, weil ihr Mann – den sie übrigens für einen langweiligen Pinsel hält – seiner Geschäftsverbindung wegen hin mußte. Das Fest blieb für sie ein Wirrwarr von Eindrücken: vage, neblig, ohne Gestalt. Als jemand sie fragte: «Wie war das Fest?», konnte sie sich an nichts mehr erinnern. Es hatte für sie keine Gestalt angenommen. «Oder doch ... jetzt erinnere ich mich wieder», sagte sie, «eine Woche zuvor hatte ich mir eine silberne Armbanduhr gekauft, und nun sah ich dort jemanden, die hatte genau die gleiche Uhr. Aber ich habe nicht mit ihr gesprochen».

Das war alles, was sie über das Fest zu berichten wußte. Wir geben der Wirklichkeit eine «Gestalt», aus unserem zentralen Interesse heraus.

Aus dem Vorhergehenden wird deutlich, daß es genau so wichtig ist, «wie» du denkst, erfährst, hörst, wie «was» du denkst, siehst, erlebst ... In unserer Erziehung hat das «Was» (der Inhalt) immer so im Mittelpunkt gestanden, daß ein Plädoyer für das «Wie» wohl einmal nötig ist!

Loose your mind and come to your senses ... klammere dich nicht nur an deinen Verstand, vertraue auch deinen Sinnen und Gefühlen.

Denken und Handeln

Denken ist eine Art, mit weniger Energie Dinge zu tun als in der Wirklichkeit. Wenn ich darüber nachdenke, wie ich einen bewaffneten Einbrecher aus meinem Haus vertreiben soll, strömt mein Blut schneller, das Herz klopft heftiger, es kommt mehr Adrenalin in die Blutbahn, der Atem wird hastiger, und in Gedanken mache ich mir einen Plan, was ich tun werde ... Denkend nehme ich die Tat schon im Kleinen vorweg. Aber ... bleibe ich dann doch im Bett liegen und führe den Plan nicht aus, so tummelt sich der Einbrecher weiter in meiner Wohnung. Diese Art phantasierenden Denkens ist so etwas wie Erfahrung auf Sparflamme. Es ist gut, daß wir es können, denn wir sparen dadurch Zeit und Energie, um sie in der Realität besser nutzen zu können.

Probleme, die wir theoretisch gut lösen, können wir danach in der Wirklichkeit möglicherweise effizienter angreifen. Das geschieht, wenn wir einen Bauplan machen; oder wenn wir Informationen einholen über eine Gesellschaft, in der wir etwas verändern wollen; oder eine Anschaffungsliste anlegen; oder über Erziehung sprechen; oder kurz zusammen überlegen (erst denken, dann handeln!), bevor wir den Konzertflügel über die Wendeltreppe in den dritten Stock schleppen. Denken, Theoretisieren und Phantasieren sind überaus nützliche Beschäftigungen, wenn sie von der Realität (Erfahrung, Information) ausgehen und wieder auf die Realität außerhalb von uns gerichtet werden: Ausführen oder verwerfen oder verändern des Planes: Beginnend bei dem Flügel und der Wendeltreppe und endend bei dem Transport des Flügels nach oben oder in einen Lagerraum.

Denken, Theoretisieren und Phantasieren können aber auch gefährliche und verfremdende Beschäftigungen werden, wenn wir zwar mit Begriffen beginnen, die eine Wirklichkeit decken (echte Symbole), aber dann mit Begriffen fortfahren, die Begriffe decken, die Begriffe decken ... die sich auf eine Realität beziehen, und enden mit Begriffen, die Begriffe decken, die Begriffe decken, die sich auf nichts mehr beziehen und als losgelöste Dinge anfangen, unseren Kopf zu bevölkern. So habe ich früher als Theologiestudent noch Vorlesungen bei einem französischen Professor gehört, der seine Habilitationsschrift geschrieben hatte über: Die eventuelle Möglichkeit eventuellen Sündigens eventueller Engel in einer nicht-bestehenden rein natürlichen Ordnung. Fesselnd! Aber nur in der wörtlichen Bedeutung.

Wo steckt nun deine Energie?

In dem Maße, wie ich mehr und mehr zu einem Ganzen werde, kann ich besser mit meiner Lebensenergie umgehen und sie auf ganz konkrete Dinge richten, die ich durchführen möchte. Meine Energie ist dort, wo mein Interesse ist; wo ich «angerührt» bin; wo ich etwas wichtig finde; wo in diesem Augenblick meine Emotionen liegen: in meinem Körper, in meiner Phantasie, in meinem Gedankengang durch Gelesenes oder Gehörtes, in meiner Wahrnehmung ...

Eine Einheit, ein Ganzes werden bedeutet dann: die Sprache meines Körpers, meiner Gedanken, meines Atmens besser verstehen. Es bedeutet, den Sinn erfahren von Klang und Rhythmus meiner eigenen Stimme und der Stimme dessen, dem ich begegnen möchte. Es bedeutet auch zu erkennen, wie ich meinen Lebensstrom unterbreche, indem ich mir verfremdende Normen auferlege, und wie ich diese Unterbrechung unwirksam machen kann ... Den sich ständig wandelnden Strom unseres Seins erkennen, bewußt erfahren, «gewahr werden», können wir auch als Erwachsene noch lernen. Das ist ein Aufruf an Menschen, die nicht mehr so genau wissen, was sie wollen, und für die Erwachsenwerden Versteinerung bedeutete: sich nicht mehr verändern, nichts Neues mehr erleben, tot sein.

Du kannst deine Energie wiederfinden, auch wenn du jahrelang die Lebendigkeit auf kleinster Sparflamme stehen hattest und keine starke Freude und keinen tiefen Schmerz mehr kennst, oder wenn du automatisch weiter schlurfst ohne Abenteuer oder Neuerung. Lernen, Spaß haben, spielen, echten Schmerz fühlen, Neid oder Eifersucht deutlich empfinden ist nicht nur etwas für Kinder. Jeder Augenblick birgt die Möglichkeit neuen Lebens.

Optimistische Aussicht

Faktisch ist die Annäherung an Gestalt optimistisch und positiv!
Sie gründet sich auf:

Vertrauen in die Möglichkeiten in jedem Menschen. – Man hat
viel mehr Kräfte in sich, als man vermutet. Jede Emotion (auch
wenn man sich «down» fühlt, und auch wenn man traurig ist, weil
man seine Emotionen nicht fassen kann) ist ein Angriffspunkt, an
seine Energien heranzukommen.*

Respekt. – Jeder hat das Recht auf eigene Handlungen, eigene
Ansichten und deren Konsequenzen. Jeder ist verantwortlich und
kann Verantwortung tragen. Auch wer abschaltet, auch wer be-
schließt, sich abzuriegeln oder sich weiter zu quälen oder sich
nicht zu verändern, trifft eine Wahl, mit der er seinen Wert und
seine Würde festigt.

Die Wahl. – Nicht was einer «muß», steht im Mittelpunkt, sondern wofür er sich entscheidet.

Hier und Jetzt. – Es gibt eine unendliche Reihe von Augenblik-
ken, die immer wieder der Anfang eines neuen Lebens sein können. Man braucht sein Leben nicht bestimmen zu lassen von uto-
pischen oder ängstigenden Phantasien über die Zukunft, oder von
dem Gewicht oder dem Rosenduft der Vergangenheit. Hier und
jetzt gibt es immer wieder einen Anfangspunkt, um zu leben. Dieser Augenblick ist der erste Augenblick eines neuen Lebens.

---

* «Oh, meine Seele, suche nicht die Unsterblichkeit, sondern nutze das
Feld der Möglichkeiten», Pindaros.
(Pindaros lebte im sechsten und fünften Jh. v. Chr.)

Zweiter Teil

Wir Neurotiker

Wir Neurotiker

Ich komme von weit her. Von einem Ort, wo aus meinem Mund: «Kann ich etwas für dich tun?» bedeutet: «Ich habe keine Worte für meine Angst. Darf ich bei dir sein? Laß mich nicht alleine!» Wut konnte sich dort nur in freundlichem Lächeln äußern. Die Tränen, die hinter meinen Augen verschlossen waren, liefen nach innen über: ein heißer Strom, der sich einen Weg suchte durch meine Kehle und sich in meinem Magen einbrannte. Das Überlaufen eines Fasses voller Kummer, der niemals abnimmt. So stark sehnte ich mich nach jemandem, der mich nicht verurteilen würde, daß ich es nicht mehr wagte, die Menschen anzusehen. Die Worte, die mich ihnen näher hätten bringen können, wagte ich nicht einmal mehr zu denken. Die Hände, die anrühren wollten, versteiften sich zu kalten Zangen, und die Haut, die sich so sehr sehnte, berührt zu werden, wich zurück vor der Zärtlichkeit. Verzweiflung: wie eine schwarze Mauer, die über mich kam. Als ob dies alles noch nicht genug gewesen wäre, erdachte ich eine neue Quälerei, mit der ich mich noch mehr vernichten konnte. Ich warf mir selbst meinen Kummer vor. Jahrelang, Tag für Tag schlug ich mir selbst meine Neurosen um die Ohren. Erniedrigen, bestrafen, zur Hölle der Vollkommenheit treiben unter dem Motto: *to be the best or not to be* ... Ich habe einen langen Weg zurückgelegt. Ich weiß nicht, ob ich einen Schritt weiter bin als damals. Manchmal scheint es mir, als liefe ich einen jahrelangen Weg, der sich zu einem Kreis umbiegt und der mich immer wieder zum Ausgangspunkt bringt, der jedesmal tiefer liegt.

Dennoch hat sich etwas verändert: Ich bin nicht länger mein Feind. Es wachsen mir freundliche Blümchen hinter den Ohren. Manchmal läuft das Faß über, die Tränen über meine Wangen, und sie verbrennen mir nicht mehr Kehle und Magen. Oft wage ich es, dir in die Augen zu sehen, um dich zu sehen anstelle meiner Phantasie über dich. Manchmal verkrampfen sich meine Hände nicht. Manchmal wage ich es, mich der Zärtlichkeit anzuvertrauen. Mehr und mehr wird die Peitsche des Vollkommenheitsideals ersetzt durch den kecken Humor eines lumpigen Neurotikers, der sich sehenlassen kann.

In diesem zweiten Teil will ich auf eine etwas vereinfachende Art über Neurosen sprechen: über die verschiedenen Arten, in denen wir uns das Leben selbst mühsam und schmerzhaft machen können. Ich will damit nicht auf billige Art die Qual einer neurotischen Lebensweise verniedlichen, sondern ich will meinen (und deinen) verletzlichen Stellen ein schützendes Dach geben. Ich will meine Wunden nicht ständig pflegen, sie aber auch nicht immer wieder aufreißen.

Ich kann mich selbst auf vielerlei Art und Weise krank machen. Indem ich z. B. wichtige Dinge halb unerledigt lasse. Oder indem ich niemals richtig «bei» jemandem bin, aber auch nicht bei mir selbst ... Ich kann mich selbst aufreiben zwischen zwei sich ausschließenden Extremen; indem ich ungenießbare Dinge verzehre; indem ich mir selbst in den Schwanz beiße; indem ich mich jedem ausliefere, der noch etwas aus mir herausschlagen will usw....

Auf einige Arten, wie man sich selbst in eine Neurose manövriert, will ich hier näher eingehen. Denn wenn wir erst einmal wissen, wie wir das fertigbringen, werden wir eher lernen, es zu unterlassen.

Unerledigtes

Du stehst zum Beispiel vor einem Berg unerledigter Dinge. Ein Krach mit dem Nachbarn oder mit dem Partner ist nicht ausgestanden. Das Sterben eines Freundes wurde nicht verkraftet. Die Steuern sind seit zwei Jahren nicht bezahlt. Ein Prozeß gegen einen unredlichen Arbeitgeber läuft. Das Verliebtsein in einen Reisegenossen wurde nicht ausgesprochen, und so weiter. Noch ein paar solcher Probleme auf deiner Liste, und du kommst dir ganz gehörig jämmerlich vor. Von solch einer Ansammlung kann man schon richtig krank werden, sogar bis hin zu Magengeschwüren, Darmstörungen und Hämorrhoiden.

Etwas durcheinander sein

Es gibt einen Rhythmus zwischen Beziehungen-Eingehen und Sich-Zurückziehen, das ist unser Lebensrhythmus.

Mal auf die Welt zugehen, dann wieder sich in seine eigenen vier Wände zurückziehen. Sich politisch betätigen und das persönliche Wachstum nicht vernachlässigen. Sommer und Winter. Tag und Nacht. Völlig in jemandem aufgehen, den man liebt, und dann wieder ganz für sich sein. Ich und du. Gegenseitig, hin und her. Einatmen und Ausatmen. Das sexuelle Einssein genießen und gleich darauf weinen vor Einsamkeit. Schauen und dann wieder wegsehen, um nicht geblendet zu werden vom Starren.

Wenn ich «durcheinander» bin, heißt das, daß ich an einem der beiden Pole hängenbleibe. Der Rhythmus wird unterbrochen. Ich atme nicht mehr richtig aus. Oder ich kann nicht mehr alleine sein. Oder ich kann nicht wirklich mit jemandem eine Beziehung eingehen. Oder ich kann mich nicht mehr in den Schlaf versenken. Oder ich werde überhaupt nicht mehr richtig wach. Oder die Umwelt erwartet so viel von mir, daß ich mich durch sozialen und politischen Einsatz derart mit Beschlag belegen lasse, daß ich kein eigenes Leben mehr habe ... und so weiter. Wenn ich «durcheinander» bin, weiß ich nicht mehr so recht, was ich will. Faktisch werde ich hin und her gerissen, und es scheint, als habe ich mein Leben nicht mehr selbst in der Hand. Will ich nun eigentlich alleine sein oder mit anderen zusammen? Will ich schlafen oder liegen und nachdenken? Ich weiß nicht mehr genau, ob ich zu einer Situation ja oder nein sagen will. Ich kann nicht mehr wählen. Was soll ich tun? Dieses? Jenes? Ja? Nein? Ich weiß es nicht mehr.

Oder ich habe so vielerlei, was ich heute erledigen will, aber ich kann mich nicht entschließen, womit ich beginnen werde. Und der Tag schreitet fort, ohne daß ich auch nur ein Ding fertig bekomme. Ich fange etwas an, dann wende ich mich wieder etwas anderem zu. Schließlich bleibt alles unerledigt liegen. Zum Verrücktwerden!

Schwanken zwischen Unmöglichkeiten

Eine andere Art, sich das Leben schwerzumachen, ist schwanken zwischen zwei Extremen: Entweder ... oder ... Und beides ist konkret nicht möglich. Entweder vollständig abhängig sein von allen Launen deines Ehemannes, deiner Ehefrau – oder sich scheiden lassen. Entweder lieben – oder hassen. Entweder bin ich der Boß – oder du. Entweder ziehe ich den kürzeren – oder du. Entweder alles – oder nichts. Und so weiter ...

Schließlich sieht es so aus, als ob es außer den beiden Extremen (die beide unannehmbar oder unmöglich sind) keine andere Wahl mehr gäbe.

«Was soll ich nur tun: etwa wie meine herrische Schwester die Menschen mit Terror zwingen, mit mir zu reden (das reizt mich ganz und gar nicht, denn meine Schwester wurde von jedem abgelehnt und beging später Selbstmord) oder das schmollende oder schmeichlerische Kind sein, das ich von kleinauf gewesen bin (damit schenkte man mir zwar Aufmerksamkeit, aber das ist eine Art Aufmerksamkeit, die mir jetzt nach fünfzig Jahren zum Halse heraushängt).»

«Was soll ich tun? Marjan, meiner Frau, ihren Willen lassen und monogam werden (und dann verliere ich sie, denn ich werde sie hassen, weil sie meine Freiheit so einschränkt), oder soll ich sie verlassen und wie ein einsamer, überall ruhelos herumvögelnder Vagabund alt werden?»

Und so weiter ... und so weiter.

Unklarheiten über die Grenzen

Es kann geschehen, daß die Grenzlinie zwischen mir und der Welt außerhalb meiner selbst mir nicht mehr klar ersichtlich ist. Ich unterscheide dann nicht mehr deutlich, was zu meinen Lasten geht und was auf das Konto der Außenwelt (des «Feldes», des anderen, der Gesellschaft) gehört.

Wenn in der Beziehung die Grenze nicht klar abgesteckt ist, kann ich nicht so funktionieren, daß mir wohl ist. Dann ist keine Wechselwirkung mehr möglich, in der ich «ich» bleibe und der andere er selbst bleibt. Denn der Kontakt – welcher Art er auch sein mag – spielt sich ja auf dem Grenzgebiet ab. Ich will nicht von der Gesellschaft überwältigt oder verschlungen werden, und ich will mich ihr nicht entziehen, aber ich will an ihr mitwirken oder gegen sie ankämpfen. Dazu muß ich wissen, wo ich stehe, was ich will und wie es um die Gesellschaft bestellt ist.

Wenn einer das Gleichgewicht nicht finden kann zwischen seinen persönlichen Bedürfnissen und den Forderungen der Gruppe, in der er lebt, und wenn er sich dann vor allem verschließt oder es zuläßt, daß die Gruppe die Entscheidungen über sein Leben in die Hand nimmt, dann wird er «verwirrt». Es gibt keine klaren Abgrenzungen mehr. Ein bewußter Kontakt ist nicht mehr möglich, denn es sind ja keine eigenständigen Einheiten mehr da. Das Wort «Gruppe» können wir durch viele andere ersetzen: «Ehegatte», «Mutter», «Lagerleitung», «der Karrieremensch in mir» usw.

Individuum und Gruppe sind in Gestalt keine Gegensätze. Sie gehören zusammen wie Schraube und Mutter, wie Tätigkeit und Meditation, wie Luft und Lungen. Beider Gesundheit – sowohl die des Individuums wie auch die der Gruppe – hängt ab von einer guten Interaktion, bei der keiner der beiden Pole geschwächt wird. Aber diese Wechselwirkung kann fehlerhaft werden. Es kann mir passieren, daß ich nicht einmal mehr weiß, ob ich eine bestimmte Soße aus der Flasche wirklich mag, oder ob ich nur sage, daß sie mir schmeckt, weil irgendein Mann, der sich «geschmacksbewußt» nennt, im Fernsehen sagt, daß sie so schmackhaft sei. Solange es sich nur um irgendwelche Soßen in Flaschen handelt, ist nichts Schlimmes geschehen, aber es kann sich auch um wichtigere Dinge handeln.

Da ruft einer: «Für Gott und Vaterland!» und Millionen rufen es ihm nach und entfesseln einen Krieg gegen ein Nachbarland oder gegen eine Kolonie. Sie denken vielleicht lieber nicht darüber nach (Introjektion), denn eine abweichende Meinung würde schwer bestraft werden ... Und so geraten die Verantwortlichkeiten immer mehr durcheinander. Schließlich weißt du nicht mehr, was du selbst glaubst und was man dir nur aufgeschwatzt hat. Du identifizierst dich mit einer Gruppe, zu der du auf Biegen und Brechen gehören willst (Konfluenz). Oder du schreibst anderen Eigenschaften zu (z. B. grausame Aggression deinem Feind), die du selbst hast (Projektion). Oder du schreibst dir selbst Dinge zu, die eigentlich besser von dem sogenannten Feind gesagt würden (z. B. Unschuld und das Verteidigen menschlicher Werte).

Besonders in Kriegszeiten gibt es wenige Menschen, die in einer reinen Wechselbeziehung mit der Gesellschaft bleiben. Und die Chance ist groß, daß für diese Gesunden nur noch im Gefängnis Platz ist.

Das gleiche wiederholt sich in Haus, Garten und Küche. Ich denke dabei an die Geschichte von dem Pferd des Milchmanns. Sie ist wirklich geschehen. Nur einige Details habe ich geändert (der erste Mann hieß nämlich nicht so, und das Pferd war in Wirklichkeit die Frau des zweiten Mannes).

Es waren einmal zwei Männer, und die wollten beide dasselbe: dem Pferd des Milchmannes ein Stück Zucker geben. Der erste sagte: «Ich gebe ihm gern ein Zuckerstück. Ich mag Tiere, besonders Pferde. Und eigentlich wohl ganz besonders dieses Pferd, das Pferd des Milchmanns.» Und er meinte, was er sagte. Der zweite sagte: «Ich gebe ihm gerne ein Zuckerstück. Ich mag Tiere, besonders Pferde.» Und auch der zweite meinte, was er sagte. Aber er sagte nicht, wie alleine er sich fühlte und welch beglückendes Gefühl es ihm gab, wenn solch ein Pferd, ganz egal welches, mit seinen feuchten Pferdelippen über seine Hand leckte und ihn dann dankbar ansah ...

Der erste kam mit seinem Würfel und bot es dem Tier an. «Nein», sagte das Pferd, «heute nicht. Meine Zähne, weißt du ...» – «Nun, dann nicht», sagte der erste Mann. Und er dachte: Armes Pferd, es hat Zahnweh.

Der zweite Mann kam mit seinem Würfel und bot es an. «Nein», sagte das Pferd, «heute nicht. Meine Zähne, weißt du ...» «Dann eben nicht», sprach der zweite Mann, und er ging wieder hinein. Er lief mit einer Miene herum wie ein Pferd, das Zahnweh hat. Er dachte: Ich Armer. Niemand mag mich.

Hinunterschlucken (Introjektion)

Immer nur hinunterschlucken, auch die ungenießbaren Dinge, kann dich krank machen. Nur was wirklich ein Teil von mir wird, was ich gut verdaue, das tut mir gut. Darum bejahe ich manche Sachen und andere lehne ich ab. Den ersten Windbeutel mit Schlagsahne nehme ich an, den dritten lehne ich ab.

Was wir nicht verdauen (z. B. den dritten Windbeutel oder Fischgräten), bleibt in uns ein Fremdkörper und wird uns quersitzen. Es scheint ein Teil von uns geworden zu sein, aber wir haben es uns nicht wirklich einverleibt. Zu dieser Erkenntnis kam auch der Walfisch, als er Jonas verschluckt hatte.

Das gleiche gilt auch für Ideen, Informationen, Verhaltensmuster, Prinzipien, Dogmen usw., die über Eltern, Schule, Bücher, Kirche und so weiter auf uns gekommen sind. Sie können einem Bedürfnis entsprechen, aber sie können auch mit unseren Bedürfnissen kollidieren. Die Frage ist: Wie entscheide ich mich? Sage ich Ja oder Nein? Nicht einfach alles hinunterschlucken, weil jeder das so macht oder weil es sich so gehört, oder weil die Reklame sagt, daß es so gut schmeckt, oder weil ein Theologe predigt, daß es deine Pflicht ist ...

Jeder von uns schluckt wohl einmal ohne Verstand hinunter oder hat es lange Zeit getan, als er noch ein kleines Kind war und die anderen so gut wußten, was gut für uns war. Aber wenn wir heute immer noch so «leicht zu füttern» bleiben, können wir uns selbst damit eine Menge Leid zufügen.

Irgend jemand sagte zum Beispiel «Hure» zu dir. Du fühlst dich gekränkt und traurig, als ob du es dadurch wirklich ein wenig geworden seist. Jemand hat dein «Image», das Bild, das andere von dir haben, dadurch geschändet – aber du reagierst, als ob es dich selbst träfe. Schluckst du das alles und setzt dich traurig in eine Ecke und bemitleidest dich selbst, dann bist du der/die Dumme, tust dir selbst viel unnötigen Kummer an, und es geht immer mehr abwärts mit dir. Neurotisches Leiden?

Du kannst auch anders reagieren: deine wirklichen Gefühle gegen die Person herauslassen: Zorn oder Groll vielleicht. Dadurch riskierst du zwar einen Konflikt, aber du verleugnest wenigstens dich selbst nicht.

Wenn du sehr viel verschluckst, bekommst du mit der Zeit eine ganze Reihe von Dingen, die dir schwer im Magen liegen werden. Machst du so weiter, dann gleichst du schließlich einem Lagerhaus, in dem allerlei Vorurteile, Ideen und Normen anderer Leute gelagert liegen. Es kann so weit kommen, daß du für dich selbst keinen Lebensraum mehr hast. Daß du dir vorkommst wie in einer fremden Umgebung und kein richtiges Zuhause mehr bei dir findest. Dieses Gefühl kann sich ausdehnen auf das reale Haus, in dem du wohnst. Die Dinge und Winkel deines Hauses, die dir lieb und wert sind, sind oft genau das, was du dir so gewünscht hast. Manche Menschen fühlen sich sehr fremd in ihrer eigenen Wohnung und in sich selbst. Bist du angefüllt mit Angelegenheiten anderer Leute und mußt darin immerzu für Ordnung und Sauberkeit sorgen, dann kommst du nicht mehr an dich selbst heran. Auf die Dauer weißt du dann nicht mehr, was dein Eigenes ist: Was du selber willst, was du selber fühlst ...

Jedesmal wenn dann jemand kommt, der kräftig Reklame macht für seine Ideen, seine Grundsätze oder seine Paragraphen, wirst du weich. Und dann kommt der nächste gute Verkäufer mit anderen – möglicherweise entgegengesetzten – Ideen und Grundsätzen und zieht dich wieder in eine andere Richtung. Willst du dann selbst etwas tun oder sein oder denken, so zieht es dich in die verschiedensten Richtungen ... Schließlich verlierst du jegliches Unterscheidungsvermögen und weißt nicht mehr, was dir gefällt und was du gar nicht magst.

Alles hinunterschlucken hat zwei klar erkennbare Vorteile. Erstens: Verdauungsstörungen, Kolitis, Angina pectoris und ähnliches. Zweitens: Du brauchst dich nie offen jemandem gegenüberzustellen und zu sagen: «Dieses ist meine Wahl. So will ich leben. So will ich aussehen.» Oder einfach: «Du kannst mich mal ...» Mit Hinunterschlucken kannst du eine ganze Reihe möglicher Konflikte wegmauscheln. Du stimmst jedem zu, der seine Normen oder Vorwürfe an dir auslassen will. Du brauchst dich nicht zu verteidigen, denn es gibt dich nicht, du bist nicht da.

Mit wiegendem Gang schritt sie auf hohen Absätzen über das Damrak (Straße in Amsterdam, d. Ü.). Wie aus einem Reklameheft herausspaziert. Die Frisur tadellos, dank Kemt-Haarspray.

Das Make-up makellos: pastellrosa Schimmer auf den Wangen, ein schwarzes Schönheitspflästerchen neben dem Pfefferminznäschen. Gekleidet war sie in ein pastellfarbenes C & A-Kostümchen. Blaugrün mit ganz wenig Weiß: die Knöpfe, der Kragen und ein Streifen auf den Taschen. Was sie darunter trug, konnte man leicht erraten: «Cross-Your-Heart-BH» und ein winziger Slip, stramm um zweimal eine kleine Handvoll ... Ich schaute ihr kurz nach. Als sie schon zwanzig Meter weiter war, roch ich noch ihr exquisites Deodorant. Das war es wohl: Kemt, C & A, Pour vous Madame, Größe achtunddreißig, Cross-Your-Heart und ein gut gefüllter Slip.

Einige Tage danach träumte ich, daß ich sie Auto fahren sah; in einem kleinen Daf. In einem Neubaugebiet von Utrecht-Nord stieg sie aus; und zwar nicht vor einem Haus, sondern vor einem dieser Lagerhäuser für Bevölkerungsüberschuß. Sie stieg in den grauen Fahrkorb. Ohne hinzusehen und mit leichter Hand drückte sie auf einen der Knöpfe: fünfte oder siebente oder dritte Etage. Es war nicht wichtig welche. Es gab keinen Unterschied. Alle Lagerräume waren sich gleich. Alle gleich angeordnet in gleichen Ausstellungsräumen.

Sie schaltete das Licht an: eine Eßecke, vier Stühle, die Garnitur, die Stehlampe rechts, die Pflanze links und schräg dahinter etwas weißes Angehängtes, das die Küche sein sollte. Sie schloß die Tür hinter sich und ging drei Schritte vor ... Da sah ich, daß in allen Lagerräumen des riesigen Gebäudes des Ministeriums für Bevölkerungsüberschuß eine gleiche standardisierte Figur die Tür hinter sich schloß und drei Schritte vorwärts tat. Gleichzeitig sanken alle Figuren in einen bequemen Sessel und starrten glasig auf das gläserne Auge des Fernsehgerätes unter der Stehlampe rechts. Schließlich schloß sich das große Auge und gab hiermit das Zeichen, daß sich jetzt alle Augen zu schließen hatten. Da standen alle Figuren langsam auf. Sie gingen vier Schritte nach vorne und zwei nach links und putzten sich rhythmisch die Zähne mit Prodent: Ein Streichkonzert mit Nylonsaiten, ein Gurgel- und Spuckchor, Wegspülen des schmutzigweißen Schaumes ... Und dann wieder zwei Schritte nach rechts und einer vorwärts, und eins und zwei und eins und Arme auf und nieder und Kleid und Wäsche ausgezogen ...

Ich sah mich um und bemerkte noch gerade, daß sich in allen anderen Bevölkerungsüberschußlagerhäusern das gleiche Ritual vollzog.

Da legte das Pastellmädchen auch die letzten Utensilien ab. Vorsichtig legte sie Gebiß, Kontaktlinsen und Toupet auf das Nachttischchen, und dann ...: Dann zog sie sich mit einer geschickten Handbewegung das Make-up von oben nach unten weg. Puder. Mascara. Cremeschichten. Hautschutzmittel. Odeurs. Deodorant und Düfte.

Danach wollte sie ins Bett steigen, aber das ging nicht mehr. Denn als sie ihre letzte Schicht ordentlich über den Stuhl gehängt hatte, blieb nichts mehr von ihr übrig.

Das Gegenteil vom wahllosen Hinunterschlucken ist: sorgfältig prüfen, ob dir etwas schmeckt, ob es dir entspricht oder nicht. Danach: entweder ausspucken und weg damit, oder kauen und bis zuletzt kritisch bleiben, in kleinen Mengen hinunterschlucken, verdauen, dir die brauchbaren Anteile zu eigen machen, die Reste ausscheiden und dir sorgfältig den Hintern abwischen. Dann die Wasserspülung ziehen und noch das Klofenster öffnen. Es ist klar, daß man durch all das Einnehmen von Normen, Meinungen, Reklame und Glaubensbekenntnissen sich selbst auf eine verfremdende Weise programmiert hat mit Befehlen, durch die andere Institutionen (Eltern, Schule, Gesellschaft, politische Partei usw. ...) einen zu ihrem Roboter gemacht haben. Das Gegenstück zu einem programmierten Roboter ist ein Mensch, der weiß, was er tut, und der auswählt, was er für sich selbst will oder nicht will. Der herausfindet, was ihm gut tut oder schadet. Der sich einen eigenen Geschmack oder Widerwillen oder Wertfindung zutraut.

Ich kann mir z. B. eine Liste anlegen mit -zig (oder tausenden) Dingen, die ich tun «muß» oder die «sich so gehören». Einen Punkt kann ich mir dann heraussuchen und genauer betrachten. Als Beispiel: «Ich muß jeden Tag die Betten machen». Anstatt diesen «Befehl» einfach zu akzeptieren, gehe ich ihn erst einmal kritisch an. «Will ich denn alle Tage die Betten machen?» – «Ja?» – «Manchmal?» – «Nein?» – «Vorläufig noch?» Erst prüfen. Nicht zu schnell schlucken. Ausspucken? Oder die Entscheidung vorläufig noch beiseiteschieben? Vielleicht will ich es ja doch. Dann gründlich «kauen». Kritisch bleiben. Angleichen, was für mich das richtige ist. Bis zum Schluß wach bleiben. Danach die unverdaulichen Reste durchspülen und frische Luft hereinlassen. Das Resultat: Meistens will ich die Betten ja machen, besonders wenn ich saubere Wäsche haben möchte. Manchmal will ich es ganz und gar nicht. Heute auf keinen Fall. Darüber muß ich mich also heute abend mit meinem Partner einigen.

Und so geht's weiter zu Punkt zwei der Liste. Dann Nummer drei. Und so weiter. Experimentell untersuchen, was meiner Meinung nach gut für mich ist. Und mich dafür entscheiden.

Nach und nach programmierst du so dich selbst nach eigener Wahl und eigener Wertung. Das ist der Unterschied zwischen einem lebendigen Menschen und einem Roboter.

Was du vom anderen sagst, das bist du selbst (Projektion)

Jahrelang bin ich mit hochgezogenen Schultern herumgegangen, als ob sich mein Kopf in meinem Brustkorb verkriechen wollte gegen Angriffe von außen. In Wirklichkeit zeigte sich, daß ich voller Aggressionen war, aber mir nicht zuzugestehen wagte, daß ich solche (schlechten!?) Gefühle hegte.

Ein Experiment.
Nimm ein Blatt Papier und schreibe darauf den Namen eines Menschen, den du sehr schätzt. Darunter etwa zehn einzelne Wörter (keine Sätze), die seine oder ihre guten Eigenschaften wiedergeben. Fertig? Streiche nun den Namen der Person. Statt dessen schreibst du deinen eigenen Namen hin und versuchst nachzuempfinden, daß du so bist und daß die zehn Wörter eine Beschreibung deiner wertvollen Eigenschaften sind. Zu Anfang wirst du wohl einen kräftigen Widerstand überwinden müssen, um diese Dinge über dich selbst zu sagen. Versuche es trotzdem, und wenn das eine oder andere Wort gar nicht mit dem übereinstimmen will, wie du dich selbst erfährst, so versuche wenigstens den Kernpunkt des Wortes zu finden, der auf dich zutrifft.

Wenn du lernst, darauf zu achten, merkst du, daß du jedesmal, wenn du über andere Menschen sprichst, gleichzeitig etwas über dich selbst aussagst. Du erfährst andere so, wie du selbst bist. Der tiefere Grund für Erkennen und Nachempfinden oder Schätzen und Ablehnen anderer Menschen ist nämlich eine Art Wiedererkennen. Verstehen hat etwas zu tun mit Einverständnis.

Vielleicht sagst du bei diesem Experiment gleich: Nein, er oder sie ist so, aber ich nicht. Vielleicht wagst du es nicht einmal, den Namen des anderen zu streichen und deinen dafür hinzuschreiben. «Projektion» bedeutet: bestimmte Eigenschaften, die eigentlich zu dir gehören, nicht akzeptieren können und sie darum einem anderen zuschreiben. Das können gute oder schlechte Eigenschaften sein. Vielleicht haben die anderen sie tatsächlich auch, aber es liegt auch eine Botschaft darin über unsere eigene Identität. Wenn wir mehr über uns selbst erkennen lernen wollen, dürfen wir diese Botschaft nicht vernachlässigen. Sonst verdrängen wir ein Stück Erkenntnis über uns selbst aus unserem Bewußtsein. Vielleicht geschieht das aus einer alten Norm heraus, nach der man nichts Gutes über sich selbst sagt, oder nach der man bestimmte, sogenannte schlechte Gefühle nicht haben darf. Du kannst dann zwar versuchen, die unerlaubten Gefühle aus dir zu verbannen, aber das gelingt dir nicht. Unser Organismus läßt nicht einfach einen wichtigen Aspekt aus seinem Leben wegpraktizieren. Du kannst die «unerlaubten» Gefühle höchstens aus deinem bewußten Leben verbannen. Dich selbst beschummeln. Deine Erfahrung leugnen. Den Kopf in den Sand stecken.

In einer Beziehung ist Kennen gleichzeitig ein Wiedererkennen. Sprichst du über jemanden, so sagst du eigentlich immer: «Er auch.» In diesem «auch» steckt die Botschaft über dich selbst. Wir können uns zwar irren über die Person, über die wir sprechen oder urteilen, aber wir können uns nicht über das «auch» irren. In diesem «auch» ist das Wissen um das eigene Selbst verborgen. Diese in unserem Reden über andere versteckte Botschaft ist verläßlicher als das, was wir über andere sagen.

Projizieren heißt, daß wir das «auch» nicht nur weglassen, sondern behaupten oder so tun, als ob es nicht bestünde. Es ist also eine Art unbewußter Verschiebung der Grenze zwischen dir und den anderen, was in der Kommunikation eine ganze Menge Verwirrung stiften kann.

Johann fühlt sich von Susanne erotisch erregt. In ihm ist die Lust sie zu schmücken, sie zu berühren, mit ihr zu schlafen. Aber das sind Sachen, an die er nicht einmal denken will. Denn Susanne ist verheiratet und hat vier Kinder. Er sagt: «Sie will etwas von mir. Ich muß aufpassen, daß sie mich nicht verführt und keine dummen Sachen macht.» Johann benimmt sich fortan so, daß er Susanne (unbewußt) herausfordert und ihr ständig begegnet.

Gefühle, die nicht offen und ehrlich heraus dürfen, schmuggeln sich verhüllt durch die Hintertür (z. B. über Projektionen) heraus, um sich Geltung zu verschaffen. Aber die Verantwortung für derartige Gefühle wird dann «Susanne» zugeschoben.

In der Projektion verschieben wir die Grenze zwischen uns selbst und dem übrigen Teil der Welt ein wenig zu unserem Vorteil, so daß wir die Dinge, die wir bei uns selbst schlecht annehmen können, den anderen zuschieben. Anstatt zu sagen: «Es fällt mir schwer, mich so anzunehmen wie ich bin», sagen wir: «So bin ich nicht. Das ist der andere» oder «Die Menschen sind heute so». So kannst du dir selbst vorgaukeln, es ginge nicht um dich. So schiebst du die Verantwortung für deine eigenen Gefühle von dir weg den anderen zu.

Menschen, die viel projizieren, machen einen wehleidigen Eindruck. Sie sind immer das «Opfer der Umstände». Sie sprechen, als wären nicht sie, sondern die Umstände verantwortlich für das, was geschieht. Da läßt sich also nichts ändern. Aber ... so lebst du ohne Energie und hast dein Leben immer weniger selbst in der Hand. Manchmal sind Menschen, die viel projizieren, sehr aggressiv und wollen immerzu die anderen verändern. Eigentlich bekämpfen sie im anderen, was sie in sich selbst hassen, und sie wollen andere umformen nach dem unerreichbaren Muster, mit dem sie sich selber quälen.

Eine andere Art zu projizieren – mit der sich viele Menschen selbst ausschalten – ist das *Vergleichen*.

Erst projizieren sie ihre Idealvorstellung auf den anderen («Du kochst so gut, da bleibe ich lieber mit meinen ungeschickten Händen davon» oder «Meine Nachbarin ist solch eine gute Mutter. Nie ist sie mürrisch. Ihre vier Kinder sehen immer gleich nett und ordentlich aus, während ich mit einem Kind ...»). Die Qualitäten der anderen werden hochgejubelt. Dann folgt das mutlose, klagende: «Wenn ich mich damit vergleiche ...»

Zwei Maikäfer kamen am vierzehnten Mai gleichzeitig, etwa einen Meter auseinander, aus der Erde gekrochen. Der eine war schön dunkelbraun, der andere ebenso schön weiß (einen «Müller» nannten wir die als Kinder). Der Müller beschloß nach Osten zu wandern, der Braune ging nach Westen. So begegneten sie sich schon bald. Es war ein herrlicher, fast sommerlicher Tag, und ihre Borsten vibrierten vor Lust im warmen Licht. Da sahen sie einander. «Welch schöner brauner Käfer», dachte der weiße, «sieh nur, welch warme, satte Farbe!» Und dann sah er sich selber an und schämte sich so, daß er die Augen niederschlug, um sie nie wieder aufzuschlagen.

«Was für ein schöner Weißer», dachte der Braune, «wie rein und glänzend das gebrochene Weiß ohne jeden Flecken!» Und dann sah er auf sich und schämte sich so, daß er die Augen niederschlug, um sie nie wieder aufzuschlagen.

Mutlos und mit niedergeschlagenem Blick kroch jeder dahin zurück, woher er gekommen war. Sie flogen nicht ein einziges Mal.

«Die Menschen erkennen mich nicht an, weil ich Jude bin» hat (abgesehen von der Tatsache, daß das wahr sein kann oder nicht) gleichzeitig oft eine emotionelle Botschaft, die aussagt: «Ich habe mein eigenes Jude-Sein noch nicht akzeptiert.»

Auf politischem Feld liegt ein Beispiel für Projektion bei den Gruppen, die ich die klagenden Progressiven nennen möchte. Stänkern und immer nur stänkern. «Der Vorstand ist nicht zugänglich für neue Ideen» oder «Wir Studenten haben keinen Einfluß auf die Amtsführung. Wir müssen den Mund halten, sonst fliegen wir raus» usw. …

Wenn wir auf diese Art die Macht und die Möglichkeiten immer der «anderen Seite» zuschreiben (das sind dann die Umstände oder die reaktionären Strukturen, usw. …), dann brauchen wir selber nichts mehr zu unternehmen und können ständig weiterjammern, ohne daß auch nur ein Handschlag getan wird.

Der Vorteil, den du durch Projizieren erreichst, ist: Du brauchst nie mehr zu kämpfen. Du hast dich bereits im voraus zum Verlierer gestempelt. Du brauchst dann nicht einmal mehr zuzugeben, daß du dich vor den Risiken fürchtest, die du mit einem Kampf eingehen würdest. Du wirst allerdings immer abhängiger dadurch. Selbst hast du immer weniger zu melden. Der andere ist der einzige, der einbringen kann, was du brauchst. Nach und nach hast du keine eigene Meinung mehr, keine Ansichten, keine eigenen Augen und Ohren, keine Energie. Jedes Lob von außen wird dann überaus wichtig. Jedes Schulterklopfen, ganz egal von wem es kommt. Jedes bißchen Wärme oder Zärtlichkeit wird dankbar angenommen. Ganz egal von wem es kommt. Egal von welcher Lippe, egal von welchem Pferd, egal von welchem Milchmann.

Der Hund, der sich in den Schwanz beißt (Retroflektion)

Die Fähigkeit, seine Energie nach dem eigenen Bedarf zu richten, ist an sich sehr viel wert: Sich selbst ein wenig mit Abstand sehen; Vater, Mutter, Liebhaber und Schiedsrichter für sich selber sein; ein wenig Selbstironie; bei dem eigenen Ich um Rat bitten; sich nicht einfach gehenlassen, wenn dich die Lust packt, in einem Zornanfall mit der gußeisernen Pfanne einem deiner Kinder auf den Kopf zu schlagen; nachdenken; masturbieren; ein Tagebuch führen; und viele andere retroflektierende Handlungen.

Auf diese Art behält man seine Energie bei sich, um sie im richtigen Augenblick und in der richtigen Weise zu gebrauchen. Sich nach außen hin zurückhalten zu können und einigermaßen unter Kontrolle zu haben, ist nicht zu verachten. Wenn nur dein Zugang zur Außenwelt nicht verriegelt wird.

Bist du alleine, vielleicht jahrelang, dann ist es das einzige, was dir bleibt und was Menschen, die nie alleine sind, häufig vermissen. Du kannst mit dir selbst reden, beten, um dich weinen oder lachen, meditieren, dir selbst etwas schenken, dich ein wenig verwöhnen und liebhaben, dich bei dir selbst verkriechen und auch mal ausschimpfen.

Kinder, die zu Hause kein warmes Nest finden oder Menschen, die einen einsamen Beruf haben (Gefangene zum Beispiel) oder die jahrelang abgesondert in einem Kloster leben, lernen das schon bald. Wenn sie dann aber später doch Menschen um sich haben, die sie mögen, und Freunde und eine Familie, und wenn sie Beziehungen zu anderen haben möchten, und sie kennen nur den Umgang mit sich selbst, dann kommen sie in eine schwierige Lage.

Auf die Dauer wird die Grenze, die zwischen einem Menschen und seiner Umwelt liegt und die das Beziehungsfeld hätte sein können, völlig gesperrt. Die Grenzmauer wird aufgebaut, aber nun quer durch das eigene Territorium. Der Energiestrom fließt dann nicht mehr von dir zur Welt oder zu deiner Arbeit oder zu einem anderen, sondern von dir zu dir selbst, während du furchtbare Sehnsucht nach «anderen» hast. Es ist ein Beziehungsersatz, bei dem du sehr einsam bleibst. Mit der Teilung deines Ichs bist du nicht weniger alleine. Im Gegenteil. Und wenn du dann so zwischen Menschen lebst, erfährst du erst recht, wie wenig wirkliche Beziehungen du hast, und das ist eine schmerzhafte Entdeckung, denn deine echten Bedürfnisse werden nicht befriedigt. Du kannst dich zutiefst krank und elend dabei fühlen.

Was du dir zunächst als dein eigener Freund antatest, das wendest du schließlich als dein Feind gegen dich selbst. Du willst ja Beziehungen zu anderen aufnehmen, aber gleichzeitig wendest du die Bewegung, die auf die anderen zuging, auf dich selbst um (retroflektieren) und hältst dich selbst auf in der Bewegung auf den anderen hin.

Du kugelst dich zusammen, um dich ein wenig selber zu wärmen, während du dich doch eigentlich danach sehnst, dich bei jemandem zu verkriechen, dich bei jemandem einzunisten; aber du fürchtest dich, darum zu bitten oder dich als solch ein zerbrechliches Vögelchen zu zeigen, das gehegt und gewärmt werden möchte.

In solch einem Augenblick möchtest du umarmt werden, aber du schlägst nur die Arme um dich selbst. Du hältst dich selbst, aber es wird keine kosende Umarmung, sondern eher eine Umklammerung. Du möchtest etwas für dich erbitten, aber du kneifst den Mund zu, und du beginnst dich zu hassen, weil du dir vorenthältst, was du doch dringend brauchst. So nutzt du deine Energie in destruktiver Art und Weise aus Furcht vor den Schmerzen oder dem Risiko des Wachstums. Es ist, als ob du dich selber erwürgtest oder ermordetest, als ob du dich empfindungslos machtest, um aus der Welt, in der du leben kannst, wegzulaufen.

Dieses Zurückhalten deiner selbst und die eigentlichen Bedürfnisse, die dahinter verborgen sind, sind häufig als doppelte Botschaft aus deinem äußeren Verhalten wahrzunehmen. Die Zähne werden aufeinandergebissen, wenn ich zum Beispiel nicht von mir weg beiße, wo ich es doch möchte. «Widerlich, diese Verwaltung, diese Regierung», sage ich und schlage mir so fest auf das Knie, daß es mir weh tut (der Schlag galt den anderen). Oder wir pressen die Lippen fest aufeinander (es könnte ja mal ein scharfes Wort oder ein ausgewachsener Fluch herauskommen). Wir halten die Arme steif (man darf nicht schlagen). Wir runzeln die Stirn. Wir faseln uns selbst was vor. Kneifen den Po zusammen. Drükken die Knie durch. Halten den Kopf steif zwischen den Schultern. Kauen an den Nägeln. Zupfen uns Haare aus. Ziehen Häutchen von den Fingern. Tun uns selbst auf tausenderlei Weise Zwang an. Viel Energie fließt dafür ab. Ist es ein Wunder, daß wir todmüde herumgehen, wenn wir aus dieser Art zu reagieren unser übliches Verhaltensmuster gemacht haben?

Was tust du dagegen?

Wenn du etwas verändern willst, ist der wichtigste Ansatz: Herausfinden, was du tust. Wissen und empfinden, wozu du deine Energie gebrauchst. Dann kannst du wählen, ob du das weiterhin so machen willst oder ob du einmal etwas anderes versuchst. Vielleicht zunächst nur vorsichtig in der Vorstellung: bei wem «würdest» du dich verkriechen mögen, mit wem «würdest» du schlafen wollen, wen «würdest» du beißen wollen, wen umarmen. Tu das nicht, um bei der Phantasie stehenzubleiben, sondern in dem Wissen, daß Phantasie ein Zwischenschritt ist, von dem aus du wählen kannst, ob du und wie du eine Beziehung zur Welt außer dir herstellen wirst oder nicht.

Es ist wichtig – wenn wir Kontakt zur Außenwelt haben wollen –, die Gewohnheit, uns auf uns selbst zurückzuziehen, nicht einfach zu bekämpfen, sondern sie freizumachen und sie zu nutzen als Vorbereitung zur Aktion nach außen. Lerne zum Beispiel, dich selbst zärtlich zu umarmen (anstatt dich festzuklammern), dich wirklich zu streicheln statt zu kratzen, dich selbst zu befriedigen statt «dir einen abzureißen»; lerne mit dem ganzen Fuß aufzutreten statt durch das Leben zu schleichen, und so weiter. Und vor allen Dingen: Verachte dich nicht, weil du weißt, daß du retroflektierst, sondern schätze dich wert, wenn du hierin echte Signale deiner Bedürfnisse entdeckst.

Zusammenfluß (Konfluenz)

Es kann sehr wohltuend sein, ganz mit deiner Umgebung zusammenzufließen; nicht mehr zu wissen, wo die eigenen Grenzen sind: was deine Empfindungen sind oder die der anderen. Glückselig zu verschmelzen mit jemandem. Ganz und gar in einem Fest aufzugehen. Das überwältigende Gefühl, «dazuzugehören». Neugeborene wissen noch nicht, ob die Wiege, die Lampe, die Brustwarze der Mutter ein Teil von ihnen sind oder von der Außenwelt. In gewissen Ritualen darfst du zusammenfließen mit der Gemeinschaft der Gruppe zu einer Tat, um gemeinsam mit den anderen sozusagen ein geheimnisvoller Leib zu werden. Menschen, die ein ganz starkes nationales Empfinden oder Vereinsgefühl oder «Nest»-Gefühl haben, kennen das Erlebnis. «Wer Kritik übt an meiner Tochter, meiner Frau, meinem Land, an meinem Fußballclub … beleidigt mich persönlich …» Dieses Zusammenfließen wird krankhaft, wenn jemand nicht mehr zwischen sich und dem anderen unterscheiden kann, so daß er sich nicht mehr eigenständig erfahren kann oder will.

Das zeigt sich unter anderem, wenn jemand ängstlich dem anderen immer nur gleich (nur ja nicht anders) sein will und Unterschiede bei dem anderen auch nicht duldet. Ketzerjagd ist das oder Unversöhnlichkeit gegenüber Andersdenkenden. Rassenhaß. Fan-Identifikation. Man sieht es bei Eltern, die erwarten, daß ihre Kinder leben, denken und beten so wie sie. Als ob die Kinder ein Stück von ihnen wären und nicht selbständige Persönlichkeiten. Wagen die Kinder es dann trotzdem, einen eigenen Weg einzuschlagen, den die Eltern nicht gutheißen, so folgt die Ablehnung: Du bist mein Kind nicht mehr … Ich «kenne» dich nicht mehr, so wie du jetzt lebst …

Viele Beziehungen gehen so entzwei. Jahrelang versuchen Ehepaare sich einander «anzugleichen», während doch genau *an der Stelle, an der man «anders» ist, die Beziehungsmöglichkeiten beginnen*. Es fließt unendlich viel Energie in das Zurückdrängen und Bezwingen deines Andersseins. Du versuchst den anderen zu erreichen, indem du sein willst wie sie oder er, oder indem du den anderen zu verändern suchst zu einer Angleichung mit dir. Dabei ist die einzige Möglichkeit, sie oder ihn zu erreichen: Du selbst – das heißt: anders – zu sein und von daher im Bereich der eigenen deutlich erkennbaren Grenzen die Gemeinsamkeiten und das Zusammentreffen zu suchen.

Zu dem krankhaften Zusammenfließen gehört Mitläufertum, Glätten der Unterschiede, Hinwegreden des Andersseins, beschwichtigende Verbrüderungsrolle, schlichtweg Entweichen (nicht hören und sehen, was gleich nebenan geschieht), Belehren, billige Diplomatie und ... ebenso der fanatische Dogmatismus (es hängt nur davon ab, ob du zu einem größeren oder kleineren Ganzen «gehören» willst).

Diese Art Menschen identifizieren sich leicht mit Aktionsgruppen, einer Kirche oder einer Bewegung und werden auch zu furchterregend guten Mitgliedern dieser Gemeinschaften. Sie «werden» derartig der Betrieb oder die Bewegung, daß ein Ausscheiden aus Beruf oder Bezugsgruppe für sie einem Sterben gleichkäme. Das Etikett der Organisation oder des Betriebes ist ein Teil ihrer Person geworden. Ihr Selbstwert wird dadurch angehoben oder besser gesagt: Ihr eigener Wert liegt nicht mehr bei ihnen selbst, sondern bei der Bewegung.

Ständig beschäftigt sie die Frage: Was erwarten die anderen von mir? Sie erwarten auch (nur wird das nicht geradeheraus gesagt), daß sie belohnt werden: Daß sie in der Gemeinschaft eine Art Familie und Beziehung finden, die sie andernorts nicht gefunden haben: daß sie Anerkennung, Dankbarkeit und Wärme von «ihren» Leuten bekommen. Solange man sie auf Händen trägt, tun sie alles für ihren Verein: Überstunden, finanzielle Unterstützung, Einsatz einer entsetzlichen Kreativität, usw. Treten dann aber Reibereien auf, so beginnt die Erpressung: Dann steht im Mittelpunkt alles, was sie je für den Verein getan haben, und sie jammern das Lied des verschmähten Messias!

Diese Menschen «bezahlen» sozusagen mit ihrem Leben, um irgendwo dazuzugehören. Und das nicht nur einmal. Sie zahlen immer wieder, ohne daß es ihnen etwas einbringt. Für die «Gruppe» (den Betrieb – den Verein) können diese Mitarbeiter oder Mitglieder oder Gründer sehr gefährlich werden. Eigentlich werden sie so unentbehrlich, daß sie besser gar nicht da wären. Sie ziehen zuviel des gemeinsamen Projektes an sich. Die Identifikation der Gruppe mit diesen Menschen wird zu stark. Sie sind «unbezahlbar» und alleine schon darum eine schwache Basis. Sie dürfen nicht mehr krank oder alt oder für kurze Zeit überarbeitet sein, oder der ganze Kram stürzt ein. Sie dürfen keinen entscheidenden Fehler machen, ohne daß die Gruppe zusammenbricht.

Die gleiche Geschichte erlebt man bei Frauen, die sich vollkommen aufzehren für Mann und Kinder oder sich vielleicht gar unentbehrlich machen als Mitarbeiterin an der Aufgabe ihres Mannes. Ohne jede Klage oder Aufmüpfigkeit. Viele Jahre später «kann sich keiner vorstellen», woher bei ihr denn nur die Apathie, die Frigidität, die Kopfschmerzen und der grämliche Zug um den Mund kommen.

Es ist die gleiche Geschichte bei dem Mann, der seine Frau immerzu «schont» und der immer versucht, ihren Willen zu tun, um sie nicht zu verlieren. Damit erniedrigt er sie jedoch und sieht sie nie als vollwertigen Partner an. Nie sagt er: «Das will ich nicht», oder «Das hasse ich an dir», oder «Das widert mich an». Die negativen Gefühle werden verschluckt und zurückgehalten als versteckter Groll oder Schuldgefühle. Wenn man jedoch seine negativen Gefühle verschweigt, verschließt man eigentlich sein ganzes Gefühlsleben, und auch die warmen Empfindungen erstarren nach und nach. So beschwindelt man sich gegenseitig Jahre einer «vollkommenen» Ehe hindurch. Und sie erstickt an den Schuldgefühlen, wenn sie ihm ihre negativen Gedanken gegen ihn zeigt. Denn damit verletzt sie den heimlichen, einseitigen Vertrag: «Ich sage nichts Unfreundliches zu dir, dann kannst du auch mir keine Unfreundlichkeiten sagen.»

Wie kann man etwas daran ändern?

Teile mit, was du selbst willst oder nicht willst. Was für dich als Person wichtig ist. Womit du nicht einverstanden bist. Der Möglichkeit, einmal nicht akzeptiert zu werden, ins Auge sehen. Deinen eigenen Empfindungen Aufmerksamkeit und Beachtung schenken, auch wenn sie nicht mit deiner Rolle übereinstimmen. Äußere deine eigenen Erwartungen vernehmbar.

Vielleicht denkst du jetzt wohl: «Wo liegt nun der Unterschied zwischen: Hinunterschlucken, in den eigenen Schwanz beißen, projizieren oder zusammenfließen? Ich sehe da nicht klar.» Du hast recht! In Wirklichkeit sind es alles verschiedene Aspekte ein und derselben Verwirrung um die Grenzen zwischen dir selbst und dem, was du nicht bist.

Dritter Teil

Der Wachstumsprozeß

Gestalt

Wir sind keine fertigen Menschen. Unser Leben ist ein Strom, der aus einer Unzahl von Situationen (Gestalten) besteht, die ihrer Vollendung zustreben. Kaum haben wir eine Situation gemeistert, da zeigt sich schon die nächste an. In jedem lebenden Organismus ist ein Drang zu Selbstbehauptung und Vollkommenheit, der die unfertigen Situationen hervorhebt. Dieses Bedürfnis des Organismus kann man nicht verdrängen. Ein vitales Bedürfnis, das man zu verdrängen oder zu leugnen sucht, wird auf andere Weise doch Signale nach außen senden: in deiner Haltung, in der Art dich zu bewegen, in deiner Stimme. Ein guter Therapeut lauscht deshalb mehr darauf, wie etwas gesagt wird, als was gesagt wird. Der Inhalt der Worte ist oft nur Verpackung. Die Person versteckt sich dann hinter den Worten ... Die Pfuscher und Besserwisser sollen nun nicht meinen, hiermit sei für sie der Weg frei; sie bekommen hiermit nicht den Schlüssel, um zu interpretieren und zu deuten, wie der andere ist, was er fühlt oder welches seine Bedürfnisse sind. Letztlich kann man aus der Beobachtung dessen, was alles in einem vor sich geht, nur selber ermessen, wie man im Augenblick dasteht und was man braucht. Niemand anders kann das für dich feststellen. Der Therapeut ist nur dazu da, dir zu helfen, auf all die Signale, die du selbst sendest, zu achten.

Der Organismus bringt selbst seine Bedürfnisse, seine Schmerzen und Erwartungen, seine Angst und seine Träume vor. Die nicht verarbeiteten Situationen melden sich selbst an und tauchen immer wieder an die Oberfläche. Das, was im Augenblick am drängendsten ist, schiebt sich vor, das andere bleibt schön im Hintergrund. Es kommt nun darauf an, diese Situationen, die bewältigt werden wollen, zu erkennen und ihnen die Chance zu geben, daß sie erledigt werden. Wenn du deine Sinne brauchst, wird deutlich, daß jeder sich auf irgendeine Weise äußert. Daß er Signale gibt, von denen nur er selbst die Bedeutung ermessen kann. Für jemanden, der Augen und Ohren offen hat, werden die Berührungspunkte deutlich, von denen aus ein authentischeres Gespräch beginnen kann.

Die Schichten oder die Wachstumsstadien

Wo er über die Struktur der Neurose spricht, meint Perls fünf Schichten, die wir die Wachstumsstufen oder Wachstumsstadien nennen könnten. Denn eine Neurose ist nichts anderes als eine Störung in unserem Wachstum. Perls sieht die Neurose weniger aus medizinischer als aus pädagogischer Perspektive: Eine Blockierung im Prozeß der Selbsterziehung.

Das Klischee-Stadium

Das ist die Stufe, auf der man nach vorgegebenen Mustern und Ritualen lebt: «Sagen Sie ruhig ‹Sie› zu mir» ... «Guten Morgen» ... Das Zimmermädchen sagt: «Vielen Dank, gnädige Frau!», ihr ist jedoch zumute nach: «Du kannst mich mal, alte Ziege!»

Das Klischee eines Händedrucks, eines Kopfnickens. Das Klischee, das nichts zu tun hat mit den eigenen Emotionen oder einer Beziehung. Das Vorhandensein des anderen wird bemerkt, aber mehr auch nicht. Kein Engagement, kein Vertrauen, kein Risiko. In dieser Stufe verhält sich alles so, wie es sich gehört. Die Rechnungen und der Haushalt stimmen. Menschen mit ihren Empfindungen und ihren nicht greifbaren Eigenheiten zählen hier nicht. Das Betragen ist vorausschaubar, sicher wie der Tod. Wie starr das Verhalten in dieser Schicht des Klischees auch sein mag, trotzdem ist diese Stufe gleichzeitig ein Freiraum, der als Versuchsstation dient. Von hier aus können wir vorsichtig und beschützt die Fühler ausstrecken nach der Umwelt. Wir testen den anderen aus irgendeiner Rolle heraus, die wir dann spielen.

Das Stadium des Als-ob-Verhaltens oder des Rollenverhaltens

Dies ist die Stufe, auf der wir uns «aufführen». Nase in die Luft, denn ich bin eine sehr wichtige Persönlichkeit. Oder der schmollende Knirps, der mit seinem Gekreische die ganze Umgebung terrorisiert.

Dieses ist die Schicht der Spielchen, die Menschen miteinander spielen. Das Mona-Lisa-Spiel zum Beispiel: lächeln, lächeln, lächeln, und dabei denkst du: «Du bist verrückt.» Das Spiel hat den Vorteil, daß du nicht richtig zuhören mußt, was der andere dir sagt, denn Verrückte braucht man ja nicht ernst zu nehmen. Oder das Spiel des Naiven: Immer so tun, als ob du nicht verstehst, wenn dir etwas gesagt wird, was dich trifft. Sehr wirksam! Denn wenn du es nicht verstehst, brauchst du auch nicht darauf einzugehen.

Oder das folgende Spielchen: sich übertrieben bedauernswert stellen, um das Mitleid der anderen zu wecken: «Die sind so groß und stark, und ich bin so klein. Das ist gemein!»

Oder das Erpresser-Spiel: «Du bist der einzige, der mir helfen kann!» oder «Außer dir versteht mich niemand!» oder «Wenn du meine Liebe verschmähst, bringe ich mich um!»

Oder das Übertragungsspiel: «Du bist genau wie meine Mutter ...» Oder: «Ich liebe dich. Du gleichst wie ein Ei dem anderen einem Menschen, mit dem ich fünfzehn Jahre lang ein Verhältnis hatte.»

Oder das Vergleich-Spiel: «Du hast es leichter. Du kannst dich immer leicht über etwas hinwegsetzen.»

Oder das Vorwurf-Spiel: «Warum bist du nicht etwas tüchtiger?»

Und so gibt es noch Hunderte von weiteren Spielen, die wir benutzen, um andere zu manipulieren. Aber auch uns selbst! Wir betrügen uns selbst, indem wir jemanden darstellen wollen, der wir nicht sind. Wir identifizieren uns selbst oder andere mit einem Idealbild, das uns mit seinen Anforderungen nur terrorisiert und uns schmerzlich verfremdet und machtlos macht. Der Frosch will eine Kuh sein (wie in der Fabel von Aesop) und bläst sich selbst auf. Ein schmerzhaftes Unterfangen, das ihn schließlich das Leben kostet.

Wenn du dich selbst entfalten möchtest, wirst du dich nicht in diesen Rollen einnisten; die Show ist durchschaubar. Dahinter liegen erst die authentischeren Bedürfnisse, auf die du achten mußt.

Natürlich darfst du Rollen spielen; sie können sogar nützlich sein. Zum Beispiel wenn du dich bei einer Bewerbung von der besten Seite zeigen willst, weil du fürchtest, daß niemand die schwache Seite akzeptieren wird. Wenn du aber wirklich verantwortlich werden willst für deine guten und schlechten Seiten, dann darfst du nicht weiterhin die Welt um dich herum mit allerlei Spielchen und Rollen zu manipulieren versuchen.

Es scheint vordergründig so, als hätte ich mich und die Situation in der Hand, wenn ich Rollen spiele. Aber gleichzeitig ziehe ich damit einen kräftigen Ring um mein Dasein. Ich gebe den anderen keine Möglichkeit, mich wirklich zu sehen. Und damit gebe ich auch mir selbst keine Chance zu echten Beziehungen.

Die Impasse, die Ausweglosigkeit

Sobald du jedoch aus deiner Rolle heraustrittst, sitzt du bis über beide Ohren in einer Krisensituation: in der Impasse, der Ausweglosigkeit, der Sackgasse. Die Scheinsicherheit, die das Klischeestadium gegeben hatte, fällt weg. Du kannst dich nicht mehr auf das, was jeder gebildete Bürger denkt, stützen. Du stehst auf einem Podest, und du fühlst, daß du unter deinen Mitbürgern ein Fremdling bist. Was diese Gesellschaft von dir erwartet, ist für dich keine Norm mehr, von der aus du leben kannst. Du kannst nicht mehr vorhersagen, wohin dein Weg geht. Vielleicht wird die Gesellschaft dich bestrafen, weil du einen eigenen Weg gehst. Die Impasse wird wie eine Leere erfahren: Ich bin nirgendwo mehr. Die Rollen, die ich spielte, sind durchlöchert. Die sicheren Lebensmuster, die sie mir gaben, befriedigen mich nicht mehr.

In der Impasse ziehen zwei Kräfte, die scheinbar gleich stark sind, in entgegengesetzter Richtung an dir. Du kannst weder vor noch zurück. Deine gewohnten Gewißheiten, Rollen, Erwartungen, Idealbilder von dir und deiner Umwelt sind dir entfallen. Sie waren jahrelang deine einzige Wirklichkeit, und die ist dir nun genommen. Die Impasse ist ein böser Traum: du stürzt in das Nichts, denn es zeigt sich, daß «das», worauf du dich stütztest, nur Phantasie gewesen ist. Verwirrung und Ohnmacht überkommen dich. Die Angst beherrscht dich: die Lücke zwischen dem Jetzt und der Zukunft. Wohin führt das alles? Natürlich wäre es am einfachsten, man kehrte zurück zu den Rollen und Klischees. Aber dadurch würde ich auch mein Wachstum abwürgen. Wenn ich trotzdem zurückkehre, wird die Durchschnittsmasse mich

mit offenen Armen empfangen. Sie werden mir – wie in der Para-
bel vom Verlorenen Sohn – sogar dankbar sein, weil ich ihnen den
«Siehstduwohl-Beweis» gebe, daß sie recht haben.

In der Impasse, in der Ausweglosigkeit, ist es dunkel. Depressionen überfallen dich und kehren häufig wieder. Oft lange Zeit hin-
tereinander. «Nicht zurückziehen» ist hier die Parole. Der
Schmerz des Wachsens lohnt sich. Sterben, um zu leben!

Die Ansätze für das Wachstum liegen genau an der Stelle, wo
wir in die Ausweglosigkeit geraten. Im Grunde sind wir noch
nicht fähig, ganz aus uns selbst zu leben, während wir gleichzeitig
nicht mehr länger durch die vertrauten Rollen oder die vertraute
Umgebung getragen werden. Das Urbild der Impasse ist das neugeborene Kind, das aus dem Schoß der Mutter gepreßt wird und
plötzlich alleine atmen und funktionieren muß, während es vorher fast kein eigenes Leben hatte.

Etwas Ähnliches geschieht in der Gestalttherapie: Der Klient
wird auf die eigene Verantwortlichkeit zurückgewiesen, so daß er
selbst anfangen muß zu leben. Du vermagst mehr, als du denkst. Es
ist nicht nötig, sich vor der Außenwelt so abhängig aufzuführen.
Die meisten Menschen nutzen nur einen ganz geringen Teil ihrer
Möglichkeiten, weil sie in festen Vorstellungen leben, immer wieder die gleiche Rolle spielen und die Verantwortung für ihr Leben
der Außenwelt überlassen. So bleibt ihr Potential ungenutzt, und
ein um so vieles fesselnderes Leben geht an ihnen vorbei.

Das implosive Stadium oder die Schicht des Sterbens

Wenn du nicht in vorgegebene Schablonen oder in dein früheres
Rollenspiel ausweichst, sondern in der Impasse bleibst, dann erlebst du ein Stück Sterben: eine «Implosion». Du bist innerlich
festgeklemmt; ein verwesendes Stück Fleisch. Du kannst es nicht
ausspucken, denn du bist es selbst. Eine Kraft, die dich erdrückt:
beängstigende Schwerkraft.

Das implosive Stadium und die Todesängste, die damit einher-
gehen können, sind im Grunde die letzten Gegenkräfte, die verhindern wollen, daß eine explosive Katharsis stattfindet. Ich
fühle, daß in mir etwas durchbrechen will, wodurch ich auch für
die Außenwelt völlig aus meiner Rolle fallen werde. Dann werden

sie mich sehen, so wie ich wirklich bin. Werde ich dann noch angenommen werden? Niemand wird mich noch gerne haben. Es bedeutet meinen Tod. Darum ziehe ich mich krampfhaft zusammen und versuche mich selbst doch noch unter Kontrolle zu halten, bis ich fast daran ersticke.

Aber diese Leere ist nur scheinbar nahezu sinnlos. Was die englischen Mystiker aus dem Mittelalter *the clouds of unknowing* nannten, ist ein fruchtbares Vakuum, wenn du das Risiko auf dich nimmst, darin auszuharren. Die Erfahrung dieses «Nichts» ist die Erfahrung der Realität: «Nicht-Etwas», keine statistischen Dinge, auf die du dich verlassen kannst, sondern der Lebensstrom, das kreative Risiko, der Prozeß.

Die Explosion

Die Explosion folgt dem Stadium der Implosion. Wir müssen bei diesem Wort eher an etwas Ähnliches wie Explosionen, die einen Motor antreiben, als an etwas Katastrophales denken. Das ist die Katharsis; eine Geburt. Es bricht denn auch hervor. Echte Gefühle treten auf den verschiedensten Gebieten hervor: in Aggression und Kummer, im Orgasmus, der die sexuelle Sperre durchbricht, in Freude und Ausgelassenheit.

In der explosiven Schicht bricht die authentische Persönlichkeit hervor, du wirst aus dir selbst heraus aufs neue geboren. Du fühlst, daß du jetzt erst wirklich lebst und daß so viel Energie in dir frei wird, daß du nicht mehr so kindisch und furchtsam abhängig von der Außenwelt bist.

Der furchterregende Berg, der dir vorher den Weg zum Leben versperrte und dich hinderte, Risiko auf dich zu nehmen, wird zu einem lächerlichen Maulwurfshügel, der nur durch deine Einbildung so riesenhaft aufgebläht erschien.

Therapie als Pädagogik

Zurückgewinnen verfremdeter Anteile

Wir sind nicht der, für den wir uns halten, und wir möchten werden, der wir nicht sind. Daher kommt es, daß so viele Möglichkeiten, die in uns liegen, nie entdeckt und entfaltet werden und daß statt dessen vieles, was gar nicht richtig zu uns gehört (z. B. verinnerlichte Normen), sehr großen Raum in unserem Leben einnehmen. So sind wir auf manchen Gebieten unseren eigenen Möglichkeiten völlig verfremdet. Dort, wo wir kreativ sein könnten, sind unfruchtbare Lücken. Aber wie willst du es ändern?

Eigentlich besteht die Therapie aus einer Integration von Aufmerksamkeit und Bewußtsein. «Aufmerksamkeit» heißt hier: bewußt auf die Situation (Gestalt) aufmerken, die deutlich im Vordergrund steht. Wir neigen sehr dazu, einer Konfrontation mit dieser Situation mit allen Mitteln auszuweichen. Der Therapeut ist dazu da, zu helfen, den blinden Flecken ins Auge zu sehen. Keine Analyse! Zurückgeben, was der Therapeut am Klienten wahrnimmt, nicht nur in seinem Reden, sondern in seiner ganzen Erscheinung: Haltung, Stimme, Gestik. Nur das Hier und Jetzt und Wie ist wichtig.

Wiederfinden was dir «fehlt», wird dadurch möglich, daß du auf diese Weise mehr Einsicht in deine Situation bekommst, daß du dich mit stillgelegten Anteilen identifizierst (z. B. deine blockierten Gefühle, die zwar blockiert, aber doch ganz kräftig vorhanden sind: deine hinuntergeschluckten Tränen, dein versteckter Haß, die verschlossenen Ohren und so weiter), so daß du beginnst zu erkennen, daß sie ganz bestimmt vorhanden sind. Wenn du so weit bist, kannst du auch die Projektion auf den Therapeuten (daß er dich nämlich verändern würde und nicht du dich selbst) wieder zurücknehmen, so daß du dich nicht länger an ihn anklammern mußt, sondern dein Leben selber in die Hand nehmen und deinen eigenen Weg gehen kannst. Das Ziel der Therapie ist (sagt Selig), den Menschen zu lehren, sich selbst den Hintern abzuputzen.

Auf diese Weise wird eine ganze Menge Energie frei: alle Energie nämlich, die du in deine Versuche stecktest, dich selbst unsanft im Zaum zu halten oder um die Menschen um dich herum zu manipulieren, damit sie sich vor den Wagen spannen ließen, den du selbst nicht ziehen wolltest. Deine eigene Leistungsfähigkeit nimmt zu, du fühlst dich stark genug, mehr auf eigenen Füßen zu stehen.

In der Therapie (lies: Arbeiten an unserem Wachstum) geht es darum, uns selbst zurückzugewinnen. Wieder selbst über die wertvollen Eigenschaften in uns verfügen zu können, von denen wir entfremdet waren. Anteile der fremden Außenwelt, die uns schwer im Magen lagen, wieder loszuwerden. Deutlich erkennen zu können, wie wir es fertigbrachten (und wieviel Energie wir daran verschwendeten), keine Augen, keine Ohren, keine Kraft, keine Autorität, keinen Penis, kein Selbstvertrauen, keine Tränen zu haben.

Meistens sind die Argumente, mit denen wir uns selbst in unserer Entwicklung hemmen, reine Phantasie. Wir «denken» (?!), daß wir diesen Schritt nicht bewältigen können, und verschließen uns unsere Möglichkeiten mit einer ganzen Menge Annahmen wie: Jeder wird mich abweisen ... ich werde mich vor aller Welt unsterblich blamieren ... ich werde daran zugrunde gehen ... ich werde alle Freunde dadurch verlieren ... Mit derartigen Phantasien verhindern wir, daß wir wirklich leben. Indem wir diesen Produkten unserer Einbildung Realitätswert geben, bevölkern wir die Außenwelt mit drohenden katastrophalen Aussichten, so daß wir eine Entschuldigung haben und keine Risiken eingehen müssen.

Schritt für Schritt

Es war einmal ein Steuerzahler im Gooi (Landschaft bei Hilversum, d. Ü.), der hatte – noch ziemlich spät im Herbst – einen kleinen Rasen vor seinem Haus angelegt. Nach sechs Wochen stand das Gras – genau gemessen – drei Millimeter hoch. Daran muß ich noch etwas tun, bevor der Winter kommt, sagte er sich. Jeden Morgen um fünf Uhr stand er auf und zog auf dem Bauch liegend kurz an jedem Hälmchen, damit sie schneller größer würden. Und tatsächlich, innerhalb von zwei Tagen sind die Grashalme zwei Millimeter länger geworden. Aber am dritten

Morgen liegen alle Halme vergilbt und abgestorben am Boden. Ein großer Friedhof: hundertzweitausend umgefallene, namenlose Grabsteinchen.

«Entspanne dich!» sagt der Therapeut zum drittenmal. Und der Klient versucht es immer heftiger. Schließlich mit verbissenen Zähnen.

Er war einmal ein richtiges Arbeitstier bei der Wohlfahrt; er hatte während der Arbeitsstunden seine Seele verloren. Er nahm sich ein paar Tage frei, denn: «Ich will nicht eher ruhen, bis ich meine Seele wiedergefunden habe», blökte er klagend. Drei Tage und Nächte zog er nach seiner Seele suchend durch Stadt und Land. Er zermarterte sich das Gehirn, um herauszubekommen, wo seine Seele wohl stecken könnte. Er gönnte sich unterwegs keine Ruhe. Nach drei Tagen und drei Nächten war er so müde, daß er einfach am Wegesrand zusammenbrach und nur noch seufzte: «Seele oder keine Seele, ich will schlafen!»

Er schlief sofort ein; ohne auch nur einmal aufzuwachen, blieb er zwei Tage und zwei Nächte ohne Bewußtsein. Als der dritte Tag im Osten heraufkam und das Arbeitstier langsam die Augen öffnete, sah es in der Ferne seine Seele keuchend herankommen. Sie hatte ihn jetzt erst eingeholt.

Gestalttherapie ist eine Therapie des Wachsens. Und das kann man nicht erzwingen. Es ist ein Prozeß, der von innen her aufgebaut wird.

Nur keine Wunder! Keine sofort wirkenden Heilmittel von Wundertätern. Kein Zerren und Ziehen am Klienten, um doch endlich Resultate für unsere Arbeit zu sehen. Ich glaube nicht an Therapien, in denen der Therapeut soviel mit seinem Klienten «tut».

Sorgfältige Aufmerksamkeit für die unscheinbaren Dinge an der Oberfläche ist in Gestalt eine Faustregel.

In den «auf der Hand liegenden», scheinbar unwichtigen Tatsachen ist der Klient «vorhanden». An der Oberfläche «äußert» er sich. Hier liegt eine Botschaft. Er lehnt sich vor oder schaukelt hin und her. Er zupft am Häutchen an seinen Nägeln. Beißt sich auf die Lippen. Tritt verhalten mit dem Fuß. Zupft sich Haare vom Kopf. Zögert bei jedem Wort. Beendet seine Sätze nicht umsonst nicht. Benutzt nicht umsonst eine bestimmte Bildersprache.

Sieht, wenn er mit dir spricht, in die entfernteste Zimmerecke. Lehnt sich plötzlich vor. Ballt die Faust hinter seinem Rücken. Hebt ein Fuselchen vom Teppich auf und zerfasert es völlig auf aggressive Weise und so weiter.

In solchen auf der Hand liegenden Dingen äußern sich die (oft widersprüchlichen) Botschaften des Klienten. In diesen auf der Hand liegenden Dingen ist der geeignete Ort, wo der Therapeut die helfende Hand anbieten kann.

«Bewußtwerdung»: der erste Schritt (awareness)

Therapie soll dem Klienten helfen, selbst das Steuer seiner Lebenssituation in die Hand zu nehmen. Eine wichtige Voraussetzung dafür ist, daß der Klient sich «bewußt wird». Daß er sich selber wahrnimmt. Daß ihm bewußt wird, wie er mit sich umgeht und was in ihm und um ihn herum geschieht.

Wenn ich in der einen oder anderen Beziehung neurotisch geworden bin, so bedeutet das nicht, daß ich früher in meiner Kindheit einmal Probleme *gehabt* habe, sondern daß ich jetzt welche habe. Das heißt, daß ich in einer Selbsterfahrung heute zu dem jetzt lebenden Kern meiner Probleme kommen kann. Sich im Selbsterfahren üben ist mehr als eine Übung. Es ist zugleich schon ein anderes Leben. Ein Stück Wachstum. Hier und Jetzt sein ist Leben, ist Sein. Hier erfahre ich aus mir selbst heraus die eigentlichen Tatsachen.

Die Technik der «Bewußtwerdung» ist in Gestalt schon die Hälfte der Therapie: Jetzt erfahre ich ... jetzt fühle ich ... jetzt handle ich ... jetzt will ich ... jetzt vermeide ich ... jetzt beherrsche ich mich selbst, um nur ja nicht zu weinen ... jetzt würde ich gerne ... jetzt erwarte ich ... Diese Dinge bringen den Klienten an sich selbst heran, an die Wirklichkeit, an seine Möglichkeiten. «Bewußtwerden» ist also schon die halbe Arbeit: Entdecken, wie du den Atem anhältst; wie du dir selbst weder Raum noch Luft gönnst; wie du krumm gehst unter einem schweren Gewicht, das du auf deine Schultern nimmst; wie du im Schlaf mit den Zähnen knirschst und am Tag deine Wut hinunterschluckst und sie hinter einem *big smile* verbirgst; wie du dich klein machst, indem du den Kopf zwischen die Schultern ziehst; wie du von unten herauf schaust und also zu jedem aufsiehst ... Dies ist der Weg, deine Kraft und deine Möglichkeiten zu entdecken und sie im gewöhnlichen alltäglichen Leben nutzen zu lernen.

Im Gegensatz zur Psychoanalyse (jedenfalls im Gegensatz zu dem Bild, das ich und viele andere davon haben), die die Aufmerksamkeit auf das Unbewußte zu richten versucht, wendet sich die Gestalttherapie ausschließlich auf das, was der Klient tatsächlich erfährt, und versucht, es derart zu verstärken, daß sein Erfahrungsfeld allmählich von innen her ausgebreitet wird und nicht von außen.

Ein Therapeut, der sorgfältig beobachtet, findet immer viel Material, das klar zutage tritt. Er muß nicht in Vergangenem herumwühlen. Aufmerksamkeit und offene Augen genügen als Einsatz. Dabei sagt er nicht: So bist du; oder: Das tust du dir selbst an, sondern er stellt seine Fragen so, daß die Bewußtwerdung vom Klienten aus geschieht. Das ist auch der richtige Ansatz: beim Verantwortlichen. Er kann zum Beispiel fragen: «Hörst du, wie du sprichst?» oder: «Versuche herauszubekommen, was deine Hände jetzt tun», «Übertreibe die Bewegung, wenn du willst, und versuche zu entdecken, was deine Hände sagen» ... und so weiter.

Der Therapeut kann dem Klienten das Bewußtwerden nicht abnehmen. Er kann ihm nur gewissermaßen einen Spiegel vorhalten, in dem der Klient (wenn er das will!) sich dann selbst entdekken kann.

Klienten sind häufig darauf aus, das eine oder andere Rezept mit nach Hause zu nehmen, das sie nach kurzer Zeit «von ihrer Qual heilen kann». Aber diese Erwartung steht dem, was Gestalttherapie bieten kann, diametral entgegen.

... «Was soll ich denn um Gottes willen tun?!»

... «Ich bin der letzte, der dir sagen wird, was du tun solltest. Das einzige, das du von mir erwarten kannst, ist, daß ich dich auf dich selbst, auf deine Erfahrungen verweisen werde. Auf alles, was sich konkret in dir abspielt. Dort liegt der Schlüssel zu deiner Veränderung. Nicht irgendein Tip von mir, wie du es denn nun wohl schaffen sollst ...»

Wenn wir mit unserer Umgebung in Harmonie leben, können wir im Kontakt mit der Außenwelt finden, was wir nötig haben. Wir haben nämlich ein Orientierungssystem in uns, das in der Umgebung genau das entdecken kann, was nottut. Stöbernd, lauschend oder unseren Gesichtskreis abtastend entdecken wir, was wir suchen, einen Schluck Wasser, einen Stock, um einen wütenden Hund abzuwehren, den Türgriff, einen Reisegefährten, ein Blümchen für das Knopfloch, unser Knopfloch für die Blume, den Partner, die passende Antwort, das Schweigen zur rechten Zeit ...

Es kann aber auch geschehen, daß wir nicht mehr so gut wissen, «wie es sein soll» uns selbst gegenüber, einem Partner oder der Umgebung gegenüber.

Der Therapeut ist da, einem wachsamen Bundesgenossen ähnlich, um mit zu lauschen und auszuschauen, so daß wir mit seiner Hilfe eher entdecken, wo unsere wirklichen Bedürfnisse liegen, und uns selbst eine Menge Leid ersparen, weil wir nicht immer wieder feststellen müssen, daß das, von dem wir dachten es zu brauchen, gar nicht das ist, was wir wirklich vermissen. Manchmal wissen wir wohl, was wir nötig haben, aber wir schämen uns, darum zu bitten. Ein Beispiel: Wir möchten, daß wir Beachtung, Zärtlichkeit, Liebe bekommen, ohne deutlich zu zeigen, daß wir uns danach sehnen. Oder wir fürchten uns vor dem Risiko, abgewiesen zu werden. Und so bleiben wir, zukurzgekommen, leer und öde sitzen.

Der Therapeut ist dazu da, mit darauf zu achten, wo wir uns selbst schaden durch allerlei Projektionen, Introjektionen, Retroflektionen, Phantasien usw. ... Er kann uns helfen, uns selber äußern und verstehen zu lernen. Die abgebrochenen Sätze zu vollenden. Die verkürzten Bewegungen auszuführen, so daß wir erfahren, was unser Körper aussagt. Aufmerken auf die Botschaften, die durch unsere Haltung, unsere Art zu sprechen usw. ausgesandt werden.

Der wichtigste Schritt ist: klar ságen können, was du brauchst, was du haßt, was du forderst, und dann dazu stehen wie zu dir selbst. In diesem Augenblick trittst du ja ein für dein (unterdrücktes) Selbst, anstatt deine Energie zu benutzen, um dich selbst zu unterdrücken oder um deine Umgebung so zu manipulieren, daß sie dich wie ein unmündiges Kind (ohne eigene Verantwortung) behandelt und die Sorge und Verantwortung für dich auf sich nimmt.

Der Therapeut ist hierbei wie jemand, der nichts ausfüllt, aber so offen und leer wie möglich anwesend ist für alles, was geschieht oder besser: wer geschieht. Ein sauberer Spiegel, der unverfälscht zurückwirft, was er sieht, der aber zugleich lebendig ist wie ein Auge, in dem man die eigene Wärme, Angst oder Schmerz lesen darf.

Man könnte sagen: Therapie ist das Angebot eines Ansatzes von Beziehung, die so direkt und rein wie möglich ist. Gleichzeitig mit dem Abstand und der Nähe, die zu dieser konkreten Situation gehören, in der jemand einen Fachmann (Abstand), der selbst auch verletzlich und lebendig ist, um Hilfe zu bitten wagt (Nähe).

In dieser Konfrontation, in der beide – Klient und Therapeut – bewußt erfahren, was in ihnen arbeitet, liegt die Frage nach dem «Wie». Nicht das heillose Labyrinth des «Warum», sondern die praktische Frage: «Wie halte ich die Aggression, die ich erlebe, wenn ich Nägel kaue, nach außen hin zurück?» Vielleicht indem ich mir sage: «Das kannst du nicht machen (wo Menschen dabei sind)». Oder: «Was werden sie wohl von mir denken?». Oder: «Stell dich nicht an». Oder indem ich meine Emotionen mit banalen Allgemeinplätzen wegfasele im Sinne von: «Jeder Mensch hat seine Schwierigkeiten, usw. ...» Mit dem Wissen um das «Wie» kann ich einen Schritt weiter kommen. So weiß ich wenigstens, welchen Knüppel ich mir zwischen die Beine werfe. Natürlich kann ich ihn dort immer wieder hinwerfen, aber nun nicht mehr harmlos. Und das bedeutet gleichzeitig: Ich kann ihn auch einmal zurückhalten und nicht hinwerfen. Einfach mal eine andere Möglichkeit ausprobieren und erleben, wie das dann ist. Therapie bedeutet also letztendlich zu lernen, daß es neben der Art und Weise, wie du bis jetzt reagiertest, auch noch andere Möglichkeiten gibt. Meiner Meinung nach ist das zugleich eine Definition allen «Lernens»: Entdecken, daß etwas möglich ist.

Manchmal, wenn uns Dinge sehr quer sitzen, blasen wir zum Rückzug, statt etwas daran zu ändern. Einfach nicht da sein. Wir vermeiden das Hindernis (aber damit kommen wir natürlich auch nicht weiter) oder wir spielen eine Art Zauberspielchen: Nicht sehen, was wir nicht zu sehen wünschen, nicht hören, was wir nicht zu hören wünschen, vergessen, was wir nicht wissen oder tun wollen: das Spielchen von dem blinden Flecken. Nicht wirklich weglaufen, aber mit einem Teil von uns nicht anwesend sein.

Wenn wir unsere Bedürfnisse nicht befriedigen, so ist das zugleich ein Lahmlegen unseres Organismus, der doch darauf gerichtet ist, dafür zu sorgen, daß wir bekommen, was wir brauchen. Diese blinden Flecken nennen wir in der Gestalttherapie «Löcher». Jeder hat solche Löcher in seiner Persönlichkeit. Bestimmte Funktionen unseres Organismus (wie z. B. Hören, Reden, Treten, Gehen, Schlagen, Greifen, Sehen) halten wir nieder oder lähmen sie. Das hat seine Vorteile. Denken wir an jemanden, der ein großes Bedürfnis nach Stille hat und mit einem «Plappermaul» verheiratet ist und die Gabe entwickelt hat, «den Tauben zu spielen». Es kann jedoch auch sein, daß jemand, der es früher (als Kind zum Beispiel) wohl nötig hatte, sich tot zu stellen, jetzt, wo die Situation sich vollkommen geändert hat, gerne davon abkommen möchte, weil diese Haltung ihm nur Kummer und Ungemach einbringt. Als Kind wurde einer zum Beispiel nie angerührt, es sei denn auf aggressive Weise. Berührung ist für ihn nichts Vertrautes. Im Gegenteil. Er lernte, bei Berührungen auf der Hut zu sein. Das Bedürfnis, sich streicheln zu lassen und es zu genießen, hat er unterdrückt. Er kann sich dem nicht hingeben. Und das ist ihm jetzt in seiner Ehe ein Handikap. Es ist nicht sehr schwierig, in der Therapie diese Löcher zu entdecken. Man könnte sagen, daß der Therapeut und die Gruppe als Projektionsschirm fungieren, auf den die blinden Flekken vom Klienten projiziert werden. Der Klient wird nämlich vom Therapeuten (oder von der Gruppe) fordern, was er oder sie entbehrt. Das ist aber gleichzeitig genau das, was er oder sie nicht für sich selber tut. Die Erwartungen und Forderungen des Klienten an den Therapeuten und an die Gruppe machen die blockierten Möglichkeiten beim Klienten selbst sichtbar.

Wenn du keinen Mittelpunkt hast, von dem aus du leben, arbeiten und der Welt entgegentreten kannst, so daß du chaotisch in der Peripherie herumtreibst, dann wirst du wahrscheinlich vom Therapeuten oder von der Gruppe oder von deinem Partner erwarten, daß sie dir einen Heimathafen bieten, oder du wirst fordern, daß sie stets auf den «Kern» der Sache eingehen, denn ohne den Kern, den du dir selbst vorenthältst, bist du verzweifelt. Liegt der tote Punkt «in deinem Herzen» und steckst du all deine Energie in Nachdenken und Überlegen, dann wirst du vom Therapeuten und von der Gruppe erwarten, daß sie deutlich ihre echten Gefühle zeigen: was du selbst ums Verrecken nicht tätest.

Hast du sozusagen ein «Loch» an der Stelle, wo deine Ohren sein müßten, dann kannst du nicht richtig zuhören, und du wirst schon bald diese Funktion auf einen anderen projizieren. Dann möchtest du – vielleicht sogar auf eine ängstliche, zwingende Weise –, daß jeder dir zuhört. Während du vielleicht nie gut hörst, was andere sagen oder was du selbst sagst.

Ein anderes Symptom, an dem wir die «Löcher» erkennen können, ist: «Die Umgehung» oder «das Tarnnetz». Wir neigen nämlich (unbewußt) dazu, unsere blinden Flecken zu umschiffen oder zu verstecken.

Beispiele eines Tarnnetzes: Galgenhumor, um deine Angst vor dem Sterben und vor Mißerfolg zu verbergen; derbe schmutzige Witze, oft sogar sadistisch, um den Kummer über sexuelles Zukurzkommen zu verschleiern. Oder wir winken lachend eine Frage weg, als ob sie keiner Antwort wert und so unwichtig sei, daß wir dafür keine Energie vergeuden wollen, während es im Grunde eine Frage ist, die uns auf den Nägeln brennt.

Die Umgehungen, das Umschiffen ist meistens ein Zeichen, daß wir ganz sicher nah an die verwundbare Stelle herangekommen sind. Wir stellen uns ja selbst auf dem einen oder anderen Gebiet tot, wenn wir dort zu leben «vermeiden». In unserem Betragen vermeiden wir es dann, eine Antwort zu geben, einen Satz zu beenden, ein bestimmtes Wort zu gebrauchen, eine tretende Bewegung voll auszuführen usw.

Es macht keinen Spaß, den eigenen toten Flecken ins Gesicht zu sehen oder sie anderen zu zeigen. Du fällst damit auch aus der «Rolle», die du dir selbst seit Jahren im Blick auf die Außenwelt angepaßt hast. Darum haben wir hierbei die Hilfe von jemandem nötig, der uns bei dieser Konfrontation hilft, ohne uns auch nur ein Quentchen von der eigenen Verantwortung abzunehmen. Therapie heißt hier: das verkehrte Bild von dir selbst zurechtrükken. Die Grenze zwischen dem, was in deiner eigenen Verantwortlichkeit und der der anderen liegt, wieder deutlich abstecken. Deine eigene Identität wiederfinden: die eigenen Augen, Ohren, Herz, Geschlecht, Füße, Urteil. So daß du dir selbst besorgen kannst, was du dringend brauchst und was du vergeblich auf indirektem Weg von der Außenwelt bekommen wolltest.

Der notwendige Schmerz: Frustration

Jemand, der auf irgendeine Weise in neurotischem Verhalten feststeckt, ist irgendwo sein eigener Feind geworden, er unterdrückt sich auf eine bestimmte Art. *Awareness* oder «die Bedürfnisse des Organismus entdecken» bedeutet: die verborgenen Signale des Unterdrückten empfangen (denn er sendet weiterhin Signale aus!). Es kommt darauf an, diese Signale zu verstärken, erkennbar zu machen und eine Antwort darauf zu finden. Ein Beispiel: Jaap steckt voller Kummer. Er läuft beinah über. Aber derselbe Jaap wird unterdrückt von einem anderen Jaap, der wie seine Eltern und wie seine Umgebung befiehlt: «Jungen dürfen nicht weinen, das ist nur was für Mädchen» oder später: «Männer weinen nicht. Männer sind stark und lassen sich nicht gehen. Männer sind nicht sentimental».

Der Unterdrücker und der Unterdrückte haben jeder eine eigene, völlig unterschiedliche Art zu sprechen. Eine eigene Sprache könnte man fast sagen. Wenn es uns gelingt, die jeweils eigene Sprache zu unterscheiden, können wir auch leicht erfahren, welche Botschaft nun von dem Unterdrücker und welche von dem Unterdrückten kommt.

Der Unterdrücker spricht in Sätzen wie: «Ich will das ... Ich muß strenger mit mir selbst umgehen ... Du kannst nun einmal nicht ... Es gehört sich nicht ... Das kann man nicht machen ... Ich muß, koste es, was es wolle ...»

Der Unterdrückte nennt sein «Ich» meistens «Es». Muß er zum Beispiel vor tiefem Schmerz weinen, so sagt er entschuldigend:

«Es überkommt mich» anstatt «ich komme über …» Oder er sagt: «Es ist nicht mehr auszuhalten» oder «Es ist nicht mehr zu verhindern» oder «So geht es nicht mehr weiter». «Es» steht dann für «ich». Die Botschaft des Unterdrückten ist sehr wichtig, denn er ist mindestens die Hälfte deiner selbst.

Den Unterdrücker entlarven und als Therapeut der Bundesgenosse des Unterdrückten werden, ist für den Unterdrücker eine schmerzhafte Angelegenheit. Und auch für den Unterdrückten ist es keine einfache Situation, denn er fürchtet sich, er hat ja nie zuvor so im Licht gestanden. Er hat noch kein eigenes Gesicht.

Den frustrierenden Therapeuten nenne ich hier den Bundesgenossen. Das fruchtbare Frustrieren geschieht ja aus Ehrfurcht, Wärme und Nähe. Es ist ein «Nein» gegen den Zwang des Unterdrückers. Gegen das Müssen, mit dem der Klient sich seit langem selbst terrorisiert.

Der Therapeut sagt nicht: Tu doch mal dies oder tu jetzt mal jenes. In seinem Leben hat der Klient wahrscheinlich schon viel zu viele Anweisungen zu verarbeiten gehabt. Deshalb kommt er ja schließlich in die Therapie: weil er so viel «tun soll», daß er daran erstickt und bereits allerlei Tricks hat erfinden müssen, um der Überforderung einigermaßen zu entwischen.

Es gibt jedoch auch Frustriermethoden, die ganz unnötig den Schmerz und das Leid des Klienten vergrößern: Der Therapeut, der – vielleicht selbst verwirrt – dem Klienten strafend zuspricht … Der apathische Therapeut, der aus Furcht die eigenen Gefühle hinter einem Pokergesicht verbirgt und so dem Klienten undefinierbar und gefährlich wird und der trotzdem weiter fordert, daß der Klient ihm vertraut und «offen» ist … Der Therapeut, der beherrschend mit seinen Klienten arbeitet und sie mit neuen Normen überfrachtet: Du «mußt» die Impasse eingehen, du mußt auf gestellte Fragen antworten, du mußt direkt sein, du darfst nicht rauchen, und du mußt den Mund halten, wenn ich in einer Gruppe mit einem anderen Klienten beschäftigt bin, du mußt dich selbst öffnen und zeigen – aber natürlich nur, wenn du an der Reihe bist, du darfst keine doppelten Botschaften senden usw. Vor dem Arbeitsraum solcher Therapeuten könnte man gut ein Schild aufhängen: «Kein Eintritt für Menschen, denen es schwerfällt, mir ihre Verwundungen zu zeigen».

Mit dem Therapeuten als Bundesgenossen werden die zwei Seiten des Klienten, der Unterdrücker und der Unterdrückte, stets klarer und greifbarer. Die wirklichen Bedürfnisse werden bewußter empfunden und schließlich geäußert. Es gibt weniger Verwirrung über den Grenzbezirk. Der Klient sieht immer klarer, was er mit sich selbst und mit seiner Umgebung anstellt.

Je mehr die Unterscheidungsfähigkeit wächst, desto mehr wächst auch die Möglichkeit, zu einer echten Wahl zu kommen. Der Klient, der zunehmend sich selbst und seine echten Bedürfnisse ins Auge faßt, kann immer weniger einer Auswahl aus dem Wege gehen. Wofür soll ich meine Energie gebrauchen? Soll ich mir selber besorgen, was mir fehlt, oder soll ich mich beherrschen und zurückhalten?

Vielleicht wird es zunächst noch das letztere: kein Grund sich zu schämen. Vielleicht entscheidest du dich auch für das erstere – mit hinfallen und wieder aufstehen ...

Wenn du hierbei einen Freund und Bundesgenossen hast, hast du Glück!

Der unwillige Klient

Die Bärengrube

Es ist die Aufgabe des Therapeuten, sichtbar werden zu lassen, daß die Art und Weise, in der der Klient mit seiner Umgebung umspringt und sie manipuliert, gerade der Grund dafür ist, daß er sich in seinen Problemen immer mehr festfährt. Er muß dem Klienten helfen zu sehen, wie er handelt. Erst dann kann er sich verändern.

Das ist jedoch nicht so einfach, wie es vielleicht klingt. Denn: Wir fürchten uns vor der Impasse, der Ausweglosigkeit. Wir haben – sogar wenn wir ehrlich bemüht sind, uns zu ändern – eine Unzahl von Verhaltensmustern entwickelt, mit denen wir unsere Umgebung manipulieren, um das Verhalten beibehalten zu können, in dem wir seit langem feststecken. Automatisch werden wir auch den Therapeuten damit behandeln, und es wird für ihn nicht einfach sein, diesen oft raffinierten Manipulationen zu entkommen. Denn alles kann helfen und alles wird ausprobiert: Endloses Sprechen oder kein Wort sagen, alles mögliche versprechen und viele Versprechen wieder brechen, sich bei manchen Dingen taub stellen und dann wieder überkritisch mit gespitzten Ohren die verschiedenen Sachen registrieren, mit echtem Jammer den Therapeuten mürbe machen oder den starken Mann markieren, schmeicheln, verletzen, psychologisieren, diskutieren bis zum Nimmerleinstag; mit leiser, monotoner Stimme sprechen, die einen wegduseln läßt in einer Art Hypnose, oder mit schriller Stimme, die einen rasend macht, und vor allem: Fragen stellen, um den Therapeuten zu beschäftigen mit Informationen, die der Klient gleich wieder vergißt oder auch nicht ... Es gibt unendlich viele Methoden. Aber alle laufen darauf hinaus: Die Aufmerksamkeit wendet sich den Gefühlen und Gedanken des Therapeuten oder der Gruppe zu und nicht dem Klienten, während der Klient doch dasitzt, um mehr von sich selbst zu erfahren. Wenn der Therapeut darauf hereinfällt, sagen wir, daß er «in die Bärengrube» gefallen ist, und den Klienten, dem das gelingt, kann man einen guten Bärenfänger nennen. Damit soll nichts Negatives gesagt sein. Der Klient braucht sich also auch nichts vorzuwerfen. Was er sich und dem Therapeuten sagen kann, ist lediglich: «Ich bin zwar in irgendeiner Beziehung neurotisch (genau wie du), aber nicht blöde. Ich bin dir eigentlich zu schlau.» Es ist denn auch nicht verwunderlich, daß Therapeuten, die merken, daß sie hereingefallen sind, dem Klienten böse werden (Projektion), weil der Klient selbst die Fäden in der Hand behalten hat und nicht tut, was der Therapeut will. Ich selbst bin als Klient auch ein berühmter Bärenfänger. Einer nach dem anderen sind sie mir hoffnungslos in die Bärengrube getappt: G. Rossner, G. Brown, Laura Perls, Walter Kempler, Rideker, Munson und so weiter. Ich gab mir selber dafür oft eine Ohrfeige (Retroflektion), wenn sie wieder aufliefen. Aber ich fühle mich wohler dabei, wenn ich ihren Skalp als Trophäe betrachte.

Jeder Therapeut fällt hin und wieder in die Grube. Es zeigt, daß er nicht nur Therapeut, sondern auch Mensch ist. Ein Therapeut, dem es zum Beispiel wichtig ist zu beweisen, daß er guten Willens ist oder daß er eine Situation beherrscht, die du nicht beherrschst, oder der versucht, die Verteidigungsmechanismen des Klienten zu durchbrechen, statt sie nur klar zu orten, der fällt in kürzester Zeit in die Falle.

Es ist nicht so einfach, die Bärenfalle zu vermeiden. Denn dazu mußt du frustrieren. Und das ist weder für den Klienten noch für den Therapeuten eine fröhliche Sache. Du mußt Nein sagen können auf all die Fragen nach intelligenter Information, die du doch gerne geben würdest; «halt!» sagen können, wenn ein Strom von Jammer des Klienten dich zu überwältigen droht; mehr auf den Ton der Stimme lauschen und auf das ganze Verhalten des Klienten achten als auf seine fesselnden Geschichten und so weiter...

Ich komme mir als Therapeut dabei oft hart und unmenschlich vor. Ich breche damit die Kommunikation mit dem Klienten ab, jedenfalls in der Art, wie er sie gerade will. Das einzige, was ich dem Klienten dann geben kann, ist nicht das, worum er bittet, sondern meine Aufmerksamkeit und ein deutliches Zurückgeben dessen, was gerade zwischen uns geschieht.

«Therapeut, hüte dich vor der Bärengrube!» bedeutet: «Therapeut, sorge gut für dich selbst. Laß dir nicht deine Energie wegsaugen, wenn du keinen Sinn darin siehst. Findest du keine Spur der echten Bedürfnisse deines Klienten, dann belasse es lieber dabei. Es ist besser, hier anzuhalten als sich lahmzulaufen auf einer der tausend Nebenspuren, die ein intelligenter Klient dir bieten kann.»

Ein Therapeut, der in die Bärengrube fällt, ist wie ein Mensch, der Pfannekuchen backen will mit dem Mehl, das der Klient nicht mitgebracht hat. Wenn du dir so deine ganze Energie abzapfen läßt, bleibst du ganz elend zurück. Noch ein Patient mehr. Und so kommen wir nicht weiter.

Widerstände und Verteidigungsmuster

Eigentlich sind unsere Neurosen eine phantastisch gute Sache. Schutz, den du vor langer, langer Zeit nötig hattest. Schuhe, um die Kinderfüßchen zu schützen vor Kälte und dem harten Weg. Aber du wächst – und nach einer gewissen Zeit passen die Schuhe nicht mehr. Sie quetschen den Fuß ab. Was früher Schutz für dich war, ist jetzt etwas, was dich zum Krüppel macht, wenn du starr daran festhältst.

All die Seitenpfade, die der Klient dir anbietet, um nur ja nicht auf das Ziel zugehen zu müssen, all die Tricks, um nur ja nicht den Stier bei den Hörnern fassen zu müssen, um nur ja nicht konfrontiert zu werden mit den Dingen, vor denen er oder sie sich so entsetzlich fürchten, all diese Verteidigungsmuster sind nicht umsonst da. Der Klient hat diese Abwehrmechanismen im Laufe der Jahre erlernt, weil er oder sie bestimmte Situationen nicht in den Griff bekam. Sie sind häufig der einzige Grund unter seinen Füßen, und den kann man nicht einfach wegziehen, solange er keine neue Basis hat, auf die er sich verlassen kann. Es sind gewissermaßen seine Kleider geworden, ohne die er sich nicht zu zeigen wagt. Er hat Hemmungen, die Kleider abzulegen. Seine Phantasie ist: Die alten Kleider oder Verhaltensformen ablegen, würde meinen Untergang bedeuten, ich verlöre meine Position gegenüber meinen Freunden, meiner Frau, meiner Stellung und so weiter.

Es ist wichtig, in der Therapie nicht gleich zu Anfang zu fordern, daß jemand zum «Kern der Sache» vorstößt. Solch eine Forderung ist wieder ein neues Müssen, das nur einen neuen Zwang als Ersatz für den alten einführt ... Indem man die kleinen, vordergründigen Dinge, die weniger bedrohlich wirken, anfaßt, kann der Klient allmählich entscheiden, ob er sein Vertrauen gerade diesem Therapeuten geben will. Gleichzeitig kann er dabei erleben, daß kein Unglück geschieht, wenn er sich verändert. Im Gegenteil.

Es kann auch geschehen, daß der Klient die Verteidigung gegen den Therapeuten nötig braucht. Es gibt nämlich auch Therapeuten mit einem Pokergesicht, die nicht merken lassen, wer sie selbst sind, es aber vom Klienten fordern. Derartigen Therapeuten gegenüber bist du als Klient leichter ängstlich vor Ablehnung und Verurteilung. Du weißt nicht, wie er wirklich über dich denkt. Glaubst du von dir selbst «Ich bin nichts wert», dann denkst du schon bald, daß auch der Therapeut denkt, du seist nicht wert, daß er sich für dich einsetzt. Unsere Neurosen, Widerstände, Blockierungen oder Abwehrmechanismen beweisen im Grunde, daß unser Organismus im Fundament gesund ist. Daß er sich zu schützen wußte gegen zu viel Schmerz, zu viel Kummer, gegen zu viel Angst. Man baut nicht umsonst hohe Mauern oder meterdicke Bunker um sich herum. Ich finde, daß wir sogar stolz darauf sein dürfen, daß wir diese Verteidigungswälle gebaut haben, als wir vielleicht noch kaum drei oder vier oder fünfzehn Jahre alt waren und als wir diesen Schutz dringend brauchten gegen die Angriffe unserer Mitmenschen oder gegen die tödliche Kälte einer harten Welt. Auch ein Schritt rückwärts (Regression) ist ein Schritt. Der Organismus sorgt für sich und bestimmt neu seinen Standort gegenüber der Außenwelt.

Wenn nun aber der Krieg schon seit Jahren vorbei ist und du sitzt immer noch in dem Bunker von damals, so könntest du wohl gar Rheuma zurückbehalten. Hältst du es für dich selbst vorläufig noch für nötig, dann kannst du ja noch ein Weilchen in dem Bunker drin bleiben, auch wenn der Krieg schon vorbei ist; und Abschied nehmen von deinem Panzer wird auch nur schrittweise vor sich gehen. Es ist so neu, der Welt ungeschützt entgegenzutreten!

Vierter Teil

Gestalt-Anschauung

Gestalt-Anschauung

Inzwischen ist es wohl deutlich geworden: Gestalt ist nicht nur eine Form der Therapie, sondern es steht auch eine Lebensanschauung dahinter. Es geht in Gestalt um eine Art zu leben, die nicht nur der Therapie Möglichkeiten bietet, sondern auch allen anderen Lebensbereichen: Unterricht, Kunst, Organisationsentwicklung, politische Arbeit, Glaube, und so weiter ... Auf einige dieser Bereiche, die mir sehr wichtig sind, will ich hier näher eingehen: Träume, Glaube, Mystik.

Gestalt wählt eine Art zu denken und zu handeln, worin der ganze Mensch (die Gestalt) besser zu seinem Recht kommt. Der Tagmensch und der Nachtmensch: arbeitend, liebend, betend, träumend ... Darum kann alles in Gestalt Anfang und Zielpunkt sein. Alles ist brauchbar, und alles ist von Nutzen.

Das Tor der Träume

Der Talmud sagt: Wenn du deine Träume vernachlässigst, kannst du genausogut deine Post ungeöffnet weglegen. Aber vielleicht fürchten wir uns ja vor unseren Träumen und haben wir Nutzen davon, sie so schnell wie möglich zu vergessen. Vielleicht sind wir in unseren Träumen, was wir eigentlich nicht wahrhaben wollen: kleine bedrohte Menschlein, kriecherische Reptile, fallende Sterne, unausgewachsene Kinder, die das Leben nicht so gut bewältigen, wie sie es sich tagsüber wohl erträumen.

«Nur Träume betrügen nicht», sagt ein Sprichwort, und zu Recht. Denn wenn du einschläfst, läßt du das Steuer los und mußt dich wohl mittreiben lassen mit dem unbekannten Strom deines Tales. Du kannst dann nicht mehr gegen den Wind lavieren. Der große Atem darf lenken. Wünsche, Gedanken, Sehnsüchte, Herz und Nieren haben freien Lauf. Die Sittenpolizei läßt ihren Knüppel fallen. Die Dogmen regeln nicht mehr länger den Verkehr. Die Mächte und Gewalten wirbeln über den Platz wie große Kastanienblätter. Die weißen Streifen der Bahnstrecke klappern lustig durcheinander. Keine Vorfahrt, kein rechts, kein links. Wer sich schlafen legt, kann seine bösen Giftkräuter den Nachbarn nicht mehr in den Tee mischen. Oder vielleicht gerade ... Seine entleerten Hände liegen schlaff neben ihm. Seine Tausendfüße rennen nicht mehr den vielen Fatamorganas nach. Er liegt mit angezogenen Knien wieder im Schoße der Mutter. Um ihn herum das Fruchtwasser von Tod und Leben.

Wenn du dich schlafen legst, findest du dich damit ab: Daß du an dieser Stelle sterben mußt, um morgen zu leben. Und das Spiegelschloß des Todes zeigt dir alle Nasen, Buckel, Augen, Bäuche und verborgenen Schätze in dir, die du nicht sehen wolltest.

Du bist nicht länger Postamtsleiter, Professor, Bankbeamter mit Diplom oder Finanzbeamter. Nicht länger mehr Playboy oder Bischof, sondern ein gewöhnlicher Frosch im Schilf. Zweibeiner ohne Federn zwischen unzähligen federlosen Zweibeinern.

Du verabschiedest dich von deiner Arbeit. Du legst die Schreibfeder, den Hammer und die Sichel nieder. Du schiebst den Riegel vor und machst die Lichter aus in Küche und Arbeitsraum. Du nimmst Abstand von deiner Aufgabe, deinen Titeln, deiner Nationalität; von den Steuerformularen und den vertrauten Dingen. Du legst die Brille auf den Nachttisch, steigst aus den Bügelfalten deiner Hose, ziehst die Unterwäsche aus und stehst vor dem Spiegel.

Nur mal eben den «anderen» ansehen, der tagsüber hinter den Kulissen bleiben mußte? Schämst du dich, daß es den nackten Doppelgänger auch gibt? Oder bist du froh, daß die Alibis über einem Stuhl hängen und du endlich mal nach Hause kommst zu deinem verletzlichen kleinen Buben oder kleinen Mädchen? Jetzt aber vorwärts. Zieh den Nachtanzug an, diese gestreifte calvinistische Gefängniskleidung. Weil du den ganzen Tag über Gefangener warst und das jetzt erst hinter verschlossenen Türen bekennst. Jetzt, wo das Licht ausgeht. Wo Leben und Tod dir zwischen den Fingern entgleiten. Wo schlafenden Kindern Erlösung geschenkt wird in echten Träumen von Zwergen auf feurigen Pferden, von Schneewittchen mit süßem Reis und silbernen Brustwarzen.

Träumen ist eine sehr spontane Aktivität. Träume kommen über uns, ohne daß wir sie rufen. Wir haben sie nicht in der Hand. Der ganze Traum ist eine Schöpfung unseres eigentlichen Ichs.

Das Ich ist Autor von jedem einzelnen Element meiner Träume. Und jedes dieser Elemente ist ein Aspekt meines Seins: Der Weg, den ich im Traum gehe; die Kluft, die den Weg versperrt, der Brunnen, in den ich falle; das Ungeheuer, das mich verfolgt; die Menschen, die darin vorkommen ... Darum ist der Traum das Tor, das mich zurückführen kann zu entfremdeten Anteilen meines Ichs. Hier kann ich hören und sehen, wie ich meinen Lebensstrom eindämme und wo vielleicht unerkannte Möglichkeiten liegen.

Wenn wir die Botschaft unserer Träume erkennen wollen, dann geschieht das nicht, indem wir sie deuten. Dadurch, daß wir sie erleben, können wir eine Botschaft hören, mit der wir vielleicht mehr anfangen können. Unerledigte Situationen, die wir aus unserem Tagesbewußtsein zu verbannen suchen, kommen heimlich wieder: versteckt in der Sprache unserer Träume. Scheinbar unvereinbare Bedürfnisse stehen sich dort gegenüber, so wie sie sich gegenüberstanden, als wir eine Situation «unerledigt» ließen. Scheinbar unvereinbare Gegenpole erwarten eine Wahl. Mit der Hilfe eines Therapeuten oder eines guten Freundes kannst du es lernen, die Polarität deiner Träume zu entdecken, das Paradoxon zu erleben ... zu wählen.

Träume sind Projektionen von dem, was so alles in dir im Gange ist. Darum sind sie so wertvoll. Lassen sie doch auf lebendige Weise den Träumer selbst sichtbar werden. Alle Elemente des Traumes sind auf irgendeine Weise der Träumer.

Der Traum vom goldenen Mercedes.

Mein goldener Mercedes steht am Rande der Straße geparkt. Mitten auf der Straße liegt eine Radkappe, beschädigt ... Ich unterhalte mich mit drei Menschen auf dem Bürgersteig am Eingang eines Hauses. Ich kenne diese Leute. Ich habe sechs Monate lang gut mit ihnen zusammengearbeitet und muß mich jetzt von ihnen verabschieden. Ein schwarz gekleideter Mann kommt auf einem Fahrrad daher. Ein großgewachsener, schlanker Mann auf einem Fahrrad, mit schwarzen Stiefeln, die am Bein entlang mit silbernen Knöpfen geschlossen sind. Hinten auf dem Fahrrad sitzt eine Katze: schwarz mit weißen Fleckchen. Ich sage lachend zu den dreien, mit denen ich dort zusammenstehe: Das scheint ja mein altes Fahrrad zu sein (aber ich weiß gleichzeitig, daß ich damit nur Nonsens rede). Ich sage zu ihnen: Es ist der Tod. Inzwischen ist der schwarze Mann nahe herbeigekommen. «Kommst du meinetwegen?» frage ich. Aber ich weiß die Antwort schon. «Ja», nickt er. Blitzartig lasse ich alles, was mich an tausenderlei Dinge und Menschen bindet, tief in mir los. Ich trete einen Schritt vor und gebe ihm die linke Hand. Ich sehe mich noch kurz nach den drei Bekannten um und nicke ihnen zum Abschied zu. Einer von ihnen kommt es hoch, und sie wendet sich ab, weil sie weinen muß. Eine Straßenbahn hält direkt vor uns. Ich steige ein. Ich empfinde Schmerz und ganz tiefen Frieden gleichzeitig.

Betrachten wir den Traum im Blick auf Projektionen und Polaritäten, dann sehen wir ungefähr folgendes:
– Ich bin ein goldener Mercedes und auch eine beschädigte Radkappe.
– Ich bin der Eingang zu einem großen Haus und auch der Bürgersteig, der daran entlangführt.
– Ich bin der großwüchsige Mann und auch das Kätzchen.
– Ich bin derjenige, der lachend sagt: Das scheint mein altes Rad zu sein, aber auch derjenige, der sagt: Das ist der Tod.
– Ich bin derjenige, der einen Schritt vortritt und die Hand reicht, aber ich bin auch derjenige, der sich umsieht, dem es hochkommt und der sich abwendet, weil er weinen muß ...
– Ich bin Schmerz und Friede ... Und so weiter ... So viele Anteile meines Ichs, die dazugehören möchten, um das Ganze zu vollenden, das ich bin.

Ein Beispiel

Wilhelm: Wie kann man sich denn üben, Träume zu behalten? Manchmal gelingt es mir sehr gut. Ein anderes Mal entwischen sie mir. Ich möchte es lernen, weil ich finde, daß Träume so viel aussagen ...
Therapeut: Was willst du denn selbst dazu tun? Hier sitzt Wilhelm (er legt ein Kissen vor ihn hin). Erzähle ihm einmal ganz klar, was er alles unternehmen muß, um seine Träume zu behalten ...
W: Ich denke, daß es vielleicht helfen könnte, wenn du dich mit dem Gedanken schlafen legst: Morgen weiß ich, was ich geträumt habe ... Vielleicht ist es auch eine Methode, gleich beim Aufwa-

chen zu versuchen, sich an den Traum zu erinnern und nicht gleich wieder einzuschlummern, denn dann wirst du ihn ja wohl ganz sicher vergessen.

T: Du weißt also nicht nur, wie du Träume behalten, sondern auch wie du sie vergessen kannst? Du hast scheinbar sowohl ein Mittelchen gegen Verstopfung wie auch gegen Durchfall. Was verlangst du noch mehr?

W: Wenn ich aber nicht sofort ganz wach werde, ist der Traum weg.

T: Erzähle das mal dem Wilhelm dort (zeigt auf das Kissen).

W: (lacht nervös, dann ist Schweigen) ...

T: Wilhelm, ich will die Energie, die du jetzt nicht aufbringst, nicht ersetzen. Ich sehe jetzt keine Energie bei dir. Ich merke nicht, daß dir deine Träume wichtig sind. «Ich möchte es lernen ...» sagst du. Ich merke, daß du etwas von mir erwartest, aber dafür nichts zurückgeben willst. Du willst nicht dafür bezahlen.

W: (scharf und laut): Ich bin nicht aus Jux hierher gekommen, und meine Frage ist eine ehrliche Frage.

T: Jetzt bemerke ich etwas mehr Energie bei dir ... Gibt es einen Teil eines Traumes, den du *jetzt* vermißt und den du *jetzt* zurückhaben willst?

W: Ich weiß, daß ich heute nacht geträumt habe, aber ich weiß nicht, was.

T: Fehlt dir der Traum?

W: (laut) Wenn ich weiß, daß ich heute nacht geträumt habe und nicht weiß was, dann ...

T: Fehlt dir der Traum *jetzt?*

W: (schüttelt «Nein» mit dem Kopf und sagt:) Ja.

T: Wenn er dir *jetzt* fehlt, kannst du auch jetzt daran arbeiten. Fehlt er dir aber nicht *jetzt*, woher soll denn dann die Energie kommen, um zu arbeiten?

W: (laut und scharf:) Ich weiß nicht, ob der Traum von heute nacht wichtig ist.

T: Willst du es wissen?

W: Ja. Ja!

T: O. k. ... Hier ist der Traum von dieser Nacht (legt das Kissen vor ihn hin).

W: An ein kleines Stück kann ich mich erinnern: Einige Schüler aus der Schule versuchen sich von mir zu verabschieden. Das war ein richtig gemütliches Beisammensein. Aber ... dem geht etwas voraus, und ich weiß nicht, was.

T: Willst du hier anfangen: «Ich bin auf einem Abschiedsfest».

W: Ich stehe zwischen einigen Schülern einer bestimmten Gruppe. Ich fühle mich sehr wohl. Ich finde es nett, daß sie auf diese Weise feiern ...

T: Was empfindest du ihnen gegenüber?

W: Es ist eine Gruppe, mit der ich immer gern gearbeitet habe.

T: Was empfindest du denn?

W: Es ist eine ganz tolle Gruppe.

T: Was empfindest du denn? Warm? Kalt?

W: Ganz warm und froh.

T: Möchtest du der Gruppe sagen, wie du dich bei ihnen fühlst?

W: Ich finde es unheimlich nett, daß ihr da seid, um auf diese Art Abschied zu nehmen, und eh ... Ich habe immer sehr gut mit euch gearbeitet, und ich denke, daß ihr mir das wohl auch angemerkt habt. Ich habe das Gefühl, daß ihr eine Gruppe seid, mit der ich tatsächlich wohl hätte weiter arbeiten können ...

T: Was bedeutet das für dich: «Ich hätte mit euch wohl weitergehen können»? Willst du ihnen das einmal erklären?

W: Daß, wenn ich mit allen Gruppen so ... (beginnt zu weinen) ... Dann wäre ich jetzt noch dort. Dann wäre ich nicht weggegangen. Dann hätte ich wohl bleiben können ...

T: Hast du das Gefühl, jetzt, daß du von dieser Gruppe noch keinen Abschied genommen hast?

W: Ich habe das Gefühl, daß ich überhaupt keinen Abschied genommen habe und das verwundert mich unsäglich, denn ich dachte, daß ich so froh wäre, dort wegzusein. (weint)

T: Willst du dich auf diesen Platz setzen? So wie du dort saßest, hattest du noch keinen Abschied genommen. Willst du «jetzt» Abschied nehmen? ...

W: Ja, das möchte ich gern. Abschied nehmen. Denn ich weiß, daß, wenn ich ...

T: Nein. Nicht zu schnell! Dort sitzt also der Wilhelm, der sich noch nicht entschieden, der noch nicht gewählt hat. Du hast deine Arbeit verlassen, verwaltungsmäßig ... und so weiter; aber innerlich bist du dort nicht weggegangen. Willst du nun echt Abschied nehmen?

W: (ganz leise:) Ja.

T: Versuche es einmal.

W: Jungs, ich habe richtig gern mit euch gearbeitet. Mit anderen Gruppen ist es oft sehr viel schwieriger gewesen. Vergebens gegen etwas ankämpfen, weil manche Leute doch eine ganze Menge nicht verstanden ... (...) Für mich ist alleine zu stehen in dieser Funktion zu schwer. Ich glaube, daß ich dann auch euch gegenüber ehrlich sein sollte, indem ich weggehe und ...

T: Halt! «Ich glaube, daß ich sollte ...»: Ist das Abschied nehmen?

W: Ich kann euch und mir selbst gegenüber nur ehrlich sein, wenn ich weggehe und zugebe, daß ich für diese Arbeit nicht geeignet bin und daß ich mich die ganze Zeit dazu gezwungen habe. Aber wenn man sich «zwingt», kann man nicht so mit Menschen arbeiten, wie man es möchte, und darum gehe ich hier weg.

T: Wohin gehst du?

W: Ich gehe jetzt nach (...)

T: Wie gehst du dorthin?

W: Erleichtert, aber auch beklommen, weil ich schon drei Jahre aus dieser Art Arbeit heraus bin und eine ganze Menge wieder neu werde lernen müssen, und weil ich zu Leuten komme, die schon seit Jahren drin sitzen und mehr Erfahrung haben als ich. Das finde ich schauderhaft ... Aber ich finde es doch sehr schön, daß ich jetzt nicht mehr alles alleine tun muß, sondern mit anderen Kollegen zusammen ...

T: Willst du das?

W: Ja. Gern. Denn ich will wissen, wie ich arbeite. Ich will von anderen lernen, und ich will erfahren, daß man «zusammen» etwas in Angriff nimmt ...

T: Was geschieht nun in dir? Du siehst anders aus bei dem Wort «zusammen».

W: Ich fühle mich wohl. Froh von innen ... (weint ein Weilchen).

Wilhelm: (weint) Ich will hier arbeiten, aber ich fürchte mich vor harten Worten. Während ich selbst doch anderen gegenüber ganz schön scharf sein kann. Vor scharfen Worten fliehe ich.

Therapeut: Sieh dich mal in der Gruppe um, von wem die harten Worte kommen könnten.

W: (zeigt auf verschiedene Teilnehmer)

T: (legt das Kissen vor ihn hin) Denke dir nun, daß dieses Kissen Wilhelm ist, und sage ihm die harten Worte, die kommen könnten und vor denen er sich so fürchtet.

W: Wilhelm, du bist arrogant und immer so tüchtig und verteilst lauter Ohrfeigen und siehst andere überhaupt nicht ... (sagt zur Seite): Ich habe hierbei allerlei Assoziationen ... (Stille).

T: Mach nur weiter. Es braucht nicht sinnvoll zu sein.

W: Wenn du alles so gut weißt und in allem deinen Willen durchdrückst, dann kann ich dich nicht gernhaben (weint wieder) ... Davor fürchte ich mich so (weint).

T: Wie fühlst du dich jetzt, wo du dies alles sagst? Bist du in der Rolle desjenigen, der die Vorwürfe macht, oder bist du in einer anderen Rolle?

W: Ich fühle, daß ich mir selbst die Dinge vorwerfe ...

T: Willst du dich denn jetzt mal auf das Kissen setzen und auf den Wilhelm dort achten? Hast du gehört, was er alles gesagt hat? Was antwortest du ihm?

W: Es ist überhaupt nicht wahr, was du da sagst.

T: Wahr oder nicht, wie «fühlst» du dich bei den Vorwürfen?

W: Es ist einfach gemein, was der andere Wilhelm da sagt. Das finde ich.

T: Merkst du, welche Haltung du jetzt annimmst? Übertreibe sie ein bißchen ... Ja!

W: Ich krieche in mich zusammen.

T: Ja ... Krieche nur ruhig in dich zusammen. Kennst du das Gefühl? (...) Kannst du laut etwas darüber sagen?

W: Ich ziehe mich zurück in meine Höhle (weint) ... dann können sie nicht schlagen oder besser: dann fühle ich es nicht, wenn sie schlagen.

T: Wie ist es dort in der Höhle?

W: Ich muß hier schnell raus.

T: Wie ist es dort? Bleib noch ein wenig drinnen.

W: Im Augenblick bin ich auf jeden Fall viel ruhiger.

T: Wenn du so in deiner Höhle sitzt, wie alt fühlst du dich dann?

W: So alt wie ich bin. Nur sehr klein.

T: Wie klein?

W: Sehr klein (leise Stimme).

T: Ist das angenehm?

W: Nein.

T: Wie ist es?

W: Ärgerlich, daß ich nicht groß sein kann. Ich denke, daß es angenehmer ist, größer zu sein, als ich jetzt bin.

T: Phantasiere mal aus deiner Höhle heraus, daß du groß bist. So groß, wie du nur willst.

W: Ich sehe mich eigentlich nur eine Leiter raufklettern um höherzukommen.

T: Wohin willst du?

W: Zur Sonne und zum blauen Himmel.

T: Wo steht die Leiter mit dem Fuße?

W: Auf dem Boden im Gras.

T: Klettere nur weiter, wenn du willst ...

W: Nein. Denn ich will nicht so hoch hinauf.

T: Ha ... Wo bist du jetzt? Wie hoch?

W: Nicht so sehr hoch. Ich sitze zwar oben auf der Leiter, aber die Leiter ist nicht sehr hoch (lacht herzlich). So hoch wie der Kopf einer Giraffe. Es ist nur für eine Weile lustig. Ich habe das Gefühl, daß ich frei bin, und dann will ich eigentlich lieber wieder runter ...

T: Willst du wirklich wieder runter?

W: Ja.

T: Geh in der Einbildung vorsichtig etwas runter. Genauso weit, wie du es willst. Nicht zu schnell.

W: Ich will ganz runter.

T: Ganz?

W: Ich will einfach im Gras herumlaufen und wissen, daß ich nach oben und wieder runter kann ... Ich fühle mich sehr befreit.

T: Du hast deine Höhle ausprobiert, du hast die Leiter ausprobiert, und nun gehst du durchs Gras ...

W: Die Leiter brauche ich überhaupt nicht.

T: Und die Höhle?

W: Ist auch nicht nötig. Nur Gras brauche ich. Da bin ich geradesogroß, wie ich bin.

W: (nach einigen Augenblicken zur Gruppe:) Es ist, als ob hier jetzt viel mehr Raum ist und ich euch jetzt richtig ansehen kann ...

Gestalt und Glaube

Was haben diese beiden miteinander zu tun? Ich weiß es nicht. Ich weiß nur dieses: Wenn ich von mir selbst her über mich selbst spreche, gibt es keinen Unterschied zwischen der Stimme, die aus meinem Gestalt-Winkel kommt, und der Stimme, die aus dem Winkel kommt, in dem ich mich einen Gläubigen nenne. Ich höre dieselben Dinge, die (in Stereo) ungefähr so klingen:

– Ich will Frieden und Energie, anstatt zu müssen. Vertrauen auf Erfahrung und nicht auf Argumente. Meinen Gott und mein Los in den eigenen Händen finden.

– Ich will mir dessen bewußt werden, was ich seit langem weiß; Dinge, die ich nur in hilflosen Sätzchen sagen kann: «Leben ist Leben» oder «Das Gras wird mich nicht verraten».

– Ich will aus dem fließenden Hier, Jetzt und Wie schöpfen. Wirklich atmen, wirklich sitzen, wirklich über diese Erde gehen, wirklich sprechen, wirklich zuhören, wirklich schreien, genießen und erzürnt sein: Ganz auf die Welt kommen.

– Ich will Ehrfurcht vor den Widerständen haben. Vor jemandem, der zu meinen heiligen Dingen Nein sagt. Ich möchte meine Erfahrungen teilen mit anderen, ohne ihnen etwas aufzudrängen. Ohne zu fordern, daß dieser andere auch nur einen Schritt versetzt, um angeblich besser zu werden. Ich will meinen Nachbarn nicht zwingen, seinen Garten mit meinem Mist fruchtbar zu machen.

Es gibt keine vergeudeten Jahre. Mein Mißlingen, meine Neurosen, meine einsame Selbstbefriedigung, meine Ohnmacht, eine

Beziehung aufzubauen, meine Verwirrungen, meine Freßsucht, der Harnisch, der mein Gefühl abschirmt und bis in meinen Körper verwachsen ist – dies alles ist die kostbare Erde in meinem Garten, wo Weisheit wächst zwischen Freude und Frieden. *Je ne regrette rien* ... Ach, ich wünschte mir wohl, daß dieser letzte Satz ganz und gar wahr wäre: Jedenfalls ist eine halbe Lüge im Französischen für einen Flamen in Wirklichkeit nur eine viertel Lüge (der Autor ist Flame, d. Ü.) ... Ich finde es so schwer, immer wieder zu sterben und geboren zu werden.

Selig die Neurotiker, die wissen, was sie tun, denn sie können jeden Augenblick aufs neue geboren werden.

Gestalt und Mystik

Menschen bringen vieles fertig: Abschlußdeiche bauen, zum Mond fliegen, Organe transplantieren, allerlei Erfindungen machen, Rekorde brechen, und so weiter ... Bei all diesen Dingen brauchen wir jedoch nur einen geringen Prozentsatz unserer Gehirnzellen, realisieren nur einen Bruchteil unserer geistigen Möglichkeiten. Vielleicht hängt dies wohl mit der Tatsache zusammen, daß wir meistens auf eine sehr einseitige Entwicklung fixiert sind: Auf Technik, Ökonomie, funktionelle Formgebung, Ausbauen von Strukturen usw. ...

Aber damit schließen wir uns ab vor einer Welt voller Möglichkeiten, die auch in uns schlummern ...

So sind wir: Wir wollen wissen, was hinter dem Horizont liegt. Überqueren Ozeane. Ziehen in Urwälder. Tauchen hinab in Grotten oder auf den Boden des Meeres. Suchen den Weltraum ab mit riesigen Fernrohren. Bauen Satelliten ... Die Grenzen von Geist und Herz sind jedoch mindestens ebenso faszinierend. Auch da wollen wir den Horizont verschieben, unser Bewußtsein erweitern. Daher möglicherweise auch das Interesse an kosmischen Erfahrungen, neuer Aufklärung körperlicher Zusammenhänge, Meditation, Mystik, größerer Sensitivität, psychedelischen Erfahrungen ... Vielleicht sagt einer: Ich bin ein einfacher Mensch.

Dafür habe ich keine Zeit. Das ist was für Leute, die außerhalb des *struggle for life* stehen.

Ich denke, daß Bewußtseinserweiterung jedem möglich ist. Wenn wir nur Augen haben wollen für das Wunder der alltäglichen Dinge. Das Wunder des Geborenwerdens, des Lebens und Sterbens. Von Ferien und von Kranksein. Von Sommer und Winter. Von Liebe und Wasser und Feuer. Das Wunder eines Gesprächs ohne Worte mit der Dame, die auf der Terrasse zwei Tische weiter sitzt und ißt. Und Tag um Tag den Fremdling, der in dir lebt und der sich schon all zu lange hat verstecken müssen, zu entdecken.

Eigentlich versuche ich immerzu den Kreis meines Bewußtseins zu dehnen oder zu durchbrechen. Die Bewußtseinserweiterung ist nicht irgendeine okkulte Wissenschaft, sondern die Realität des Hier und Jetzt und Wie, die gar nicht so weit zu suchen ist und auf der Hand liegt. Der Reichtum, mich selbst zu entdecken. Wer bin ich? Bin ich wohl der Mann oder die Frau, die bei mir im Schaukasten steht? Oder streut das mir selbst und Vorübergehenden nur Sand in die Augen? Wie groß bin ich? Wie klein? Welche noch unbekannten Möglichkeiten liegen in mir? Wie strampele ich mich selber ab? Wie kann ich vollständiger werden?

Das ist keine rein individuelle Angelegenheit. In der Frage «Wer bin ich?» stecken noch andere Fragen. Zum Beispiel: Was bedeuten mir die anderen? Dürfen sie bei mir sie selbst sein? Oder müssen sie sich meinen Denk- und Lebensschemata anpassen? Soll ich, um bei ihnen sein zu dürfen, mich soweit anpassen, daß ich ihre Liedchen pfeife, auch wenn ich die urlangweilig finde? Soll ich diese Gesellschaft so annehmen, wie sie ist? Oder versuche ich etwas zu ändern?

Mystik ist für mich, aufmerksam sein, nicht für die weit entfernten Warums, sondern für die lebendigen Wurzeln von Dingen und Menschen ganz in der Nähe. Den Rhythmus erleben, in dem ich und die anderen und die Welt schwindelerregend zusammenfallen und dann wieder einzeln sind. Immer mehr Türen, die sich auftun und gleichzeitig immer deutlicher alleine sein im eigenen Haus. Wesensverwandtschaft und unendliche Entfremdung. Neue Augen, um das Leben in anderen Zusammenhängen zu sehen. Ohren, um den Herzschlag des Weltalls zu vernehmen. Schneewittchen geht durch die Geschäftsstraßen mit dem Einkaufskorb in der

Hand und einem Stück Apfel im Hals, und es gibt keinen Prinzen, der sie ins Leben wachküßt. Wissen, wo die Hexe wohnt, die es auf Hänsel und Gretel abgesehen hat, in einem Häuschen, das vor Süßlichkeit nur so trieft. Um die Liedchen der Elfen wissen und um das Traumschloß ihrer Blumenstände. Löwenzahn. Gänseblümchen. Kuckuckslichtnelke. Keine Rosen, meine Dame, denn die Farben meines verrosteten Fahrrades sind tiefer als die der Rosen … Die Stille ist voller Gespräche, und die Nachtfalter sind Bundesgenossen. Abends müde und doch voller Frieden bei der brennenden Pfeife oder beim Schmusen und Lieben am Ackerrain.

Hin und wieder versuchen wir vielleicht wohl ein Stückchen neuer Wirklichkeit. Wir haben einen Schimmer davon erhascht in Augenblicken, in denen wir der Do-it-yourself-Welt, die unsere Aufmerksamkeit ständig fordert, etwas freier gegenüberstanden.

Es hat Menschen gegeben, die diesen klaren Blick in der Einsamkeit einer Wüste suchten, in geistlicher Askese, im Gebet, in Yoga-Übungen, in Drogen, die sie loslösten aus dem klebrigen Brei dieser technokratischen, laut tönenden Gesellschaft. Die Wüste begann zu blühen wie ein einziges großes Rosenbeet. Das steinerne, gesetzliche Herz wurde hinweggenommen. Sie fühlten sich zu Fleisch und Blut geboren werden. Das Knacken der Zweige und das Rascheln des Grases wurden zu Musik. Der Wind legte sich winselnd vor ihre Tür, um hereingelassen zu werden.

Aldous Huxley erzählt, wie sich nach dem Gebrauch von Mescalin für ihn die Türen zu seiner Wahrnehmung öffneten: Die Bücher in den Regalen bekamen eine glühende Farbenpracht; blasse Farben zeigten Tiefe wie leuchtende Edelsteine: Smaragd, Topas, Achat, Aquamarin … Yuan de Yepez schrieb in dem dunklen Verlies seines Gefängnisses festliche Minnelieder. Aber Gefängnis, Einsamkeit, Mescalin, Gebet haben auch unendlich viele Menschen verstümmelt.

Man kann es nicht machen oder erobern oder lernen. Es wird dir geschenkt. Oder auch nicht. Gleichzeitig mit dem Leben. Wenn Friede in deinem Tal ist. Wenn du Abstand nimmst von vielen Dingen, den alten Geschichten, den ängstlichen Phantasien, dem Grübeln, dem Herumstochern. Das Leben läßt sich nicht erzwingen durch Beten oder Wüste oder Drogen oder Fasten, bis du Sterne siehst. Wer sich an Mittelchen festklammert, macht sich selbst etwas vor. Vielleicht können Gebete oder Drogen zwar den Fußblock, in dem er festsaß, wegziehen. Damit entreißen sie ihm aber gleichzeitig die Füße. Er mag Kröten und Heuschrecken in der Wüste essen, er wird den Himmel nicht sich auftun sehen.

Ich denke, Gestalt verweist auf den Strom des «geheimnisvollen» einfachen Lebens. Dort geschieht Schöpfung.

Schluß

Werden kennt kein Ende
Der Strom fließt weiter
Jeder Augenblick ist neu
Der Schmerz des Wachsens:
Der Mühen wert

Gesund sein, das bedeutet nicht nur nicht krank sein. Gesundheit manifestiert sich in körperlich-seelischer Harmonie, im entspannten Umgang mit der eigenen Körperenergie.

Paavo Airola
Natürlich gesund *Ein praktisches Handbuch biologischer Heilmethoden*
(rororo sachbuch 8314)

Robert J. Blom
Chiropraktik *Die Wirbelsäule als Zentrum vielfältiger Beschwerden*
(rororo sachbuch 8765)

Angelika Blume
Verhüten oder Schwangerwerden *Natürliche und gefahrlose Wege zur selbstbestimmten Fruchtbarkeit*
(rororo sachbuch 8369)
PMS - Das Prämenstruelle Syndrom
(rororo sachbuch 9129)

Ingo Jarosch
Tai Chi *Neue Körpererfahrung und Entspannung*
(rororo sachbuch 8803)

Hans-Dieter Kempf
Die Rückenschule *Das ganzheitliche Programm für einen gesunden Rücken*
(rororo sachbuch 8767)

Peter Lambley
Psyche und Krebs *Zur Psychosomatik von Krebserkrankungen Vorbeugen - Lindern - Heilen*
(rororo sachbuch 8862)

Neslon Lee Novick
Gesunde, schöne Haut *Ein dermatologischer Ratgeber*
(rororo sachbuch 8761)

Ingrid Olbricht
Die Brust *Organ und Symbol weiblicher Identität*
(rororo sachbuch 8525)

John Pekkanen
Lisa.
Vom Tod, der Leben spendet *Die Geschichte einer Organtransplantation*
(rororo sachbuch 9135)

Elaine Fantle Shimberg
Der gestresste Darm *Hilfe bei Verdauungsstörungen*
(rororo sachbuch 9105)

Frauke Teegen
Ganzheitliche Gesundheit *Der sanfte Umgang mit uns selbst*
(rororo sachbuch 8308)

Das gesamte Programm der Taschenbuchreihe *Medizin und Gesundheit* finden Sie in der Rowohlt Revue. Jedes Vierteljahr neu. Kostenlos in Ihrer Buchhandlung.

Frederic F. Flach
Depression als Lebenschance
*Seelische Krisen und wie man
sie nutzt*
(rororo sachbuch 7168)

Jennifer James
Trübe Tage *Wege aus dem
weiblichen Stimmungstief*
(rororo sachbuch 8840)
Dieses leicht zugängliche,
praktische Buch wendet sich
an alle Frauen, die sporadisch
in leichte Depressionen ver-
fallen und immer wieder von
Melancholie und Mutlosigkeit
eingeholt werden und be-
schreibt mit Humor und
Selbstironie wie "frau"dagegen angehen kann.

Was wir alles schlucken *Zu-
satzstoffe in Lebensmitteln*
Herausgegeben von der
KATALYSE Institut für an-
gewandte Umweltforschung
(rororo sachbuch 8465)

Gunter Schmidt
Das große Der Die Das *Über das
Sexuelle*
(rororo sachbuch 8459)

Sexualität *Ein EMMA-Buch*
Herausgegeben von
Alice Schwarzer
(rororo sachbuch 7830)
Was hat die Revolte der
Frauen gegen ihre Rolle in
der Sexualität gebracht? Die
EMMA-Frauen ziehen Bilanz:
erotisch und analytisch,
phantasievoll und kritisch
zugleich.

H. Hemminger / V. Becker
Wenn Therapien Schaden
*Kritische Analyse einer
psychotherapeutischen
Fallgeschichte*
(rororo sachbuch 9137)

Ursula Lambrou
Familienkrankheit Alkoholismus
Im Sog der Abhängigkeit
(rororo sachbuch 8771)
Alkoholismus ist eine
Familienkrankheit: Erst langsam wird die volle Bedeutung
dieses Satzes auch hierzulande
einer breiteren Öffentlichkeit
bewußt. Die Autorin, Päda-
gogin mit psychologischer
Ausbildung in den USA, hat
das erste deutsche Buch zu
diesem wichtigen Thema geschrieben.

Sämtliche Bücher und
Taschenbücher zum Thema
finden Sie in der *Rowohlt
Revue*. Jedes Vierteljahr neu.
Kostenlos in Ihrer Buchhand-
lung.

Ulrike Arens-Azevedo /
Michael Hamm
Fast Food – Slow Food *Plädoyer
für eine neue Eßkultur*
(rororo sachbuch 9102)
Die beiden Ernährungs-
wissenschaftler sind mißtrauisch gegen jede lautstarke
Propaganda im «Mac-gegen-
Müsli-Krieg». Sie zeigen den
gangbaren Pfad im Dschungel
der Eßstile unserer Zeit.

ÖKO-TEST
Ratgeber Ernährung
(rororo sachbuch 9171)
Tips und Informationen gegen
Gesundheitsrisiken bei der
täglichen Ernährung.

Bettina Muermann
Lexikon Ernährung
(rororo handbuch 6328)
Das Lexikon enthält rund
1000 Begriffe aus den Be-
reichen Gesundheit und Ernährung. Ein in dieser Form
einmaliges Nachschlagewerk,
das präzise und verständlich
Auskunft gibt für alle, die sich
schnell informieren möchten,
ohne gleich wissenschaftliche
Literatur zu wälzen.

Beate Seeßlen-Hurler
Das schmeckt Kindern in Europa
*Eine kulinarische Reise von
Oslo bis Valencia*
(mit kindern leben 9146)
Gerichte und Geschichten:
Wie gemeinsames Essen mit
Kindern zum großen Spaß
wird.

Michael Hamm / Sylvia
Strobel / Luigi Falavigna
Das Fitneß-Kochbuch *Leckere
Rezepte für jeden Sport*
(rororo sportbuch 8694)
Wie man mit leckeren Rezep-
ten seine Leistung steigert.

Michael Hamm
Fitnessernährung *Ratgeber
für die Sportpraxis*
(rororo sportbuch 8648)
Was und wann soll man
trinken und welchen Sinn
haben spezielle Fitness-
getränke? Wie kombiniert
man Ernährung und Bewe-
gung zur Gewichtsreduktion
Welches sind die typischen
Ernährungsfehler bei Freizeit-
wie Leistungssportlern? –
Diese und weitere Fragen
beantwortet Michael Hamm,
Professor für Ernährungs-
wissenschaft.

Volker E. Pilgrim
**Zehn Gründe, kein Fleisch mehr zu
essen**
(rororo sachbuch 8273)

Sämtliche Bücher und
Taschenbücher zum Thema
finden Sie in der *Rowohlt
Revue.* Jedes Vierteljahr neu.
Kostenlos in Ihrer Buchhand-
lung.

Unser Körper – Unser Leben
*Ein Handbuch von Frauen
für Frauen. Überarbeitete
und erweiterte Neuausgabe*
(2 Bände: rororo sachbuch
8408 und 8409)
Ein Standartwerk der weiblichen Gesundheit, das in dem
Bücherschrank keiner Frau
fehlen sollte. Entsprechend
der neuen amerikanischen
Ausgabe von "Our bodies,
Ourselves" wurde auch die
deutsche Ausgabe vollständig
aktualsiert.

**Unser Körper – Unser Leben
Über das Älterwerden** *Ein
Handbuch für Frauen*
(rororo sachbuch 8841)
Wie *Unser Körper – Unser
Leben* ist dieses Buch ein
Gemeinschaftsprojekt und
beruht auf den Erfahrungen
vieler Frauen. Es richtet sich
an alle, die ihr Leben und ihr
Älterwerden selbst in die
Hand nehmen wollen. Denn:
Niemand wacht auf und ist
plötzlich siebzig, und unser
Wohlbefinden hängt weniger
von den Jahren ab, die wir
schon gelebt haben, als davon, wie wir mit uns selbst
umgegangen sind.

Ruth Bell (Hg.)
Wie wir werden - Was wir fühlen
*Ein Handbuch für Jugendli-
che über Körper, Sexualität,
Beziehungen. Überarbeitete
und erweiterte Neuausgabe*
(rororo sachbuch 8823)
Fakten, Berichte, Bekenntnis-
se und Informationen zu allen
Themen, die das Leben
zwischen 12 und 20 so auf-
regend, irritierend, schwierig
und schön machen.

Nathaniel Branden
Ich liebe mich auch *Selbstvertrauen lernen*
(rororo sachbuch 8486)

M. James / D. Jongeward
Spontan leben *Übungen zur
Selbstverwirklichung*
(rororo sachbuch 8301)

Thomas Grossmann
Eine Liebe wie jede andere
*Mit homosexuellen Jugend-
lichen leben und umgehen*
(rororo sachbuch 8451)

John Selby
Einander finden *Übungen zur
Psychologie der Begegnung
in Freundschaft, Beruf und
Liebe*
(rororo sachbuch 7991)

Sämtliche Bücher und
Taschenbücher zum Thema
finden Sie in der *Rowohlt
Revue.* Jedes Vierteljahr neu.
Kostenlos in Ihrer Buchhand-
lung.

rororo sachbuch